隧道粉尘浓度场相似模化
实验与数值模拟

乔力伟　著

郑州大学出版社

图书在版编目(CIP)数据

隧道粉尘浓度场相似模化实验与数值模拟/乔力伟
著. -- 郑州：郑州大学出版社,2024.12
ISBN 978-7-5773-0359-8

Ⅰ.①隧… Ⅱ.①乔… Ⅲ.①隧道施工－粉尘－防治
Ⅳ.①U455

中国国家版本馆 CIP 数据核字(2024)第 096797 号

隧道粉尘浓度场相似模化实验与数值模拟
SUIDAO FENCHEN NONGDUCHANG XIANGSI MOHUA SHIYAN YU SHUZHI MONI

策划编辑	祁小冬	封面设计	苏永生
责任编辑	刘永静	版式设计	苏永生
责任校对	董 强	责任监制	朱亚君

出版发行	郑州大学出版社	地　　址	郑州市大学路 40 号(450052)
出 版 人	卢纪富	网　　址	http://www.zzup.cn
经　　销	全国新华书店	发行电话	0371-66966070
印　　刷	郑州宁昌印务有限公司		
开　　本	710 mm×1 010 mm　1 /16		
印　　张	9.25	字　　数	188 千字
版　　次	2024 年 12 月第 1 版	印　　次	2024 年 12 月第 1 次印刷

书　　号	ISBN 978-7-5773-0359-8	定　　价	49.00 元

本书如有印装质量问题,请与本社联系调换。

前　言

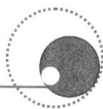

随着我国基础设施建设的快速发展,隧道工程的数量与规模日益增长。隧道施工技术的进步极大地推动了城市化进程,但也带来了诸多挑战,其中最为突出的就是隧道钻爆法施工过程中产生的大量粉尘。这些粉尘不仅严重恶化了作业环境,还对施工人员的身心健康构成了巨大威胁。长期处于高浓度粉尘环境中的工人,极易患上尘肺病等职业病。因此,如何控制隧道施工中的粉尘污染,成为摆在我们面前的一项重要难题。长期以来,国内外学者和工程师们围绕隧道施工中的粉尘治理开展了广泛而深入的研究,提出了诸如炮泥降尘、喷雾降尘等多种技术措施。然而,实践证明,这些方法虽能在一定程度上降低粉尘浓度,但仍存在诸多不足之处,尤其是在降尘效率方面不尽如人意。究其原因,现有技术措施多侧重于"排"而忽视了"集",即更多关注粉尘的排放,而未能有效收集和控制粉尘。

鉴于此,本书旨在探索一种更为高效的粉尘防控方案——利用风幕通风技术来隔离和控制隧道内的粉尘。首先,本书指出了当前防尘技术中存在的问题,并提出了"利用风幕通风方式隔离脱尘"的新思路。风幕通风技术的核心在于利用强大的气流形成一道"空气屏障",阻止粉尘沿隧道扩散,从而改善施工作业环境。基于实验隧道的实际施工情况,著者对其通风环境进行了现场检测。通过详细分析隧道作业区及沿程方向的气流矢量特点和粉尘浓度演化规律,发现风幕通风能够在较短时间内显著降低隧道内的粉尘浓度。其次,本书运用平面紊动射流理论分析了风幕射流在施工隧道中的应用机理,通过模型实验确定了风幕喷口的最佳参数设置,为实际应用提供了科学依据。最后,利用计算流体力学软件对风幕通风与传统压入通风进行了模拟对比分析。结果表明,风幕通风在降尘效率方面表现出色,尤其在通风初期阶段优势尤为明显。这为进一步推广和应用风幕通风技术提供了强有力的依据。

本书希望能够为隧道工程领域的专业人士提供参考,同时也期待能够促进更多创新技术和理念的应用与发展,共同推动隧道施工环境朝着更加安全、健康的方向迈进。随着科学技术的进步和社会发展的需求,我们相信,未来的隧道施工将更加注重环保与人文关怀,为每一位劳动者创造一个更加美好的工作环境。

著者在写作过程中查阅了众多文献,再次向本书所有的参考文献的原作者致谢。

本书的出版得到了安阳市 2022 年科技发展计划(NO. 2022C01SF005)和安阳工学院博士科研启动基金(NO. BSJ2021001)支持。

限于水平,书中难免存在疏漏和不妥,敬请同行和读者批评指正。

著　者

2024 年 3 月

目录

第1章

绪　论

1.1　背景与意义

随着我国西部大开发战略的实施和"一带一路"倡议的推进,铁路建设得到了迅速发展,尤其是高速铁路的建设大大促进了城市间的交通往来。我国西部山区众多、地形复杂,一条新建铁路往往隧道比例占60%以上,其中山岭岩石隧道占比超过隧道总额的95%[1]。隧道掘进一般采用两种施工工艺:全断面盾构掘进工艺和钻爆施工工艺。盾构掘进多用于城市或城市周边地区土质隧道的施工,如城市地铁隧道施工,山岭地区岩石隧道施工中则多采用钻爆施工法。钻爆施工法在爆破后产生的粉尘和有害气体很难被自然地排出隧道,即使在通风设备作用下也需要很长的时间才能排出,隧道长度越长该状况越突出,严重影响隧道内施工人员的健康状况,对工程施工进度也会造成影响。

不佩戴或佩戴不合格的防尘劳保用品且长期处于高浓度粉尘环境中,或为赶工期需要在隧道未达到作业环境标准的情况下进入其内部施工等,均为诱发肺尘埃沉着病(尘肺病)的高危行为。

相关数据[2]显示,钻爆施工法施工条件下呼吸性粉尘(下文简称吸尘)与总粉尘浓度超标频率均为100%,在隧道掘进、矿山开采作业过程中产生的粉尘浓度最高可达2000 mg/m$^{3[3]}$,在此环境中作业施工人员必将吸入大量的粉尘,尤其是吸尘,进而导致尘肺病。国家卫生部(2013年组建为国家卫生和计划生育委员会)2005—2013年间向社会公布的数据[4]显示:9年间职业病统计病例合计183 875例,包括尘肺病、急性中毒、慢性中毒及其他职业病。其中尘肺病154 853例,年均17 205.9例,占职业病发病人数的84.22%。2018年6月12日国家卫生健康委员会发布的《2017年我国卫生健康事业发展统计公报》统计数据[5]显示:2017年,全国共报告职业性尘肺病及其他呼吸系统疾病22 790例,其中职业性尘肺病22 701例,占比

99.61 %,目前每年有近百名铁路隧道工被确诊为硅肺病[6]。隧道掘进中的粉尘污染已严重威胁到施工人员的身心健康。近年来,世界多国因隧道施工导致人员患尘肺病的相关报道越发突出,造成了重大人员伤亡和经济损失。例如 1993—1996 年沈阳至本溪高速公路吴家岭南北段隧道施工中,由于没有采用任何降尘措施,致使 196 名职工患上尘肺病(已死亡 10 人),年龄最小的为 22 岁,工龄最短的为 1 个月,法院最终判决企业赔偿人民币 2 亿元。

研究施工隧道内通风方式、优化施工隧道内空气质量、控制和消除隧道施工人员尘肺病已成为铁路隧道施工企业职业卫生工作的当务之急。目前,国内外施工隧道粉尘防治主要包括两个方面:一是组织管理上的保证,二是技术措施上的改进。组织管理方面相对容易实现。技术措施上的改进主要包括水炮降尘、通风排尘、喷雾降尘等,然而,施工过程中即使采取了上述技术措施,隧道内的环境条件依然十分恶劣,尤其是掌子面爆破完毕长时间通风后,隧道内的粉尘浓度依然很难控制在我国施工环境行业标准之内。因此,研究行之有效的防尘技术既是施工现场的客观需求,也是文明施工的必然趋势。

1.2　粉尘防治技术研究现状

1.2.1　理论研究现状

国外对施工隧道内空气净化的研究起步较早,20 世纪 40 年代就出现了隧道通风、空气净化方面的文献。粉尘疏散净化问题的研究是随人们健康、环保意识的提高应运而生的。随着技术的发展,国外的专家学者在粉尘疏散方面进行了大量的研究与探索,取得了重大的进展。

20 世纪 40 年代,Brown 等[7]通过显微技术揭示了二氧化硅、石灰石和烟煤粉尘颗粒的微观近似大小,并介绍了几种常用的工程测定方法,为气固两相流运动研究奠定了基础。James 等[8]通过对模型中球形大颗粒的过滤加速试验,分析了风速与颗粒密度之间的关系,确立了风速与颗粒密度关系的表达式。Leach 等[9]通过对隧道内粉尘纵向弥散的测量,得出了粉尘浓度场随气流在隧道沿程方向的变化规律及粉尘云态扩散条件下浓度场与速度场的关系。Gillette 等[10]对粒径 15 μm 和 30 μm 的粉尘在风洞内进行了机械通风和自然通风试验,得出在低效湍流混合过程中风速与粉尘浓度之间的关系。Dmitriev 等[11]在过滤情况下对室内粉尘运动轨迹进行了研究,结合空气力学原理,分析了粉尘颗粒在空气中的运动状态。Divers 等[12]对长壁工作面条件下风流场内粉尘运动时彼此之间的关系进行了讨论,推导出了粉尘颗粒在空气中的受力公式。Feddes 和 Liao [13]对粉尘表面凹度进行了微观研究,分析了在通风速率范围内粉尘颗粒的瞬态行为响应,得出粉尘凹度与气流之间的关系,提出了不同粉尘凹度条件下的最优降尘风速。Hall 等[14]在风洞实验中通过大型粉尘颗粒采样器分析了差速空气条件下不同粒径粉尘的分布状态,提出风洞条件下粉尘的频率分布呈正态分布。

21 世纪后,完整的两相流理论随着研究的不断深入得到了更深层次的完善。2001 年 Bakke 等[15]通过小比例尺寸三维隧道模型分析了抽出式通风方式下粉尘和气体在隧道内的分布规律,得出非稳态模式下粉尘的演化特点。日本学者 Chiou[16]对风洞条件下粉尘颗粒的运动状态进行了研究,得出空气加速度对粉尘的扩散系数具有显著影响。Flynn 等[17]以隧道开挖过程中产生的粉尘颗粒为研究基础,通过相关实验得出了无风条件下粉尘扩散规律及通风条件下气固两相流的耦合关系,并建立了相关耦合模型。Tjoe 等[18]利用极次有限元法对二维定常模式下气固两相均匀流扩散方程进行求解,分析了气流中粉尘颗粒沉降、弥散和碰撞等作用规律。

国内专家学者对施工隧道通风在理论上的研究也有很多,主要是针对气固两相流流场关系的研究。丁广骧[19]分析了固体颗粒在紊流场中的受力情况,引出固体颗粒在紊流场中的运动方程和紊流状况下气固两相流的相似理论,提出了独立性准则,论证了准则和湍流数之间的关系,并结合实际问题演示了准则关系式的简化内容和应用方法。张可能等[20]在 Lake Lynn 实验室 D 平巷内进行了矿井粉尘搬运和沉降模拟,分析了粉尘的沉降衰减特性及风速对粉尘浓度的影响,得出了风速影响下的粉尘沉降衰减曲线。游葵等[21]提出了井巷粉尘沉降和弥散的数学模型,并从理论上推导出了井巷内粉尘纵向弥散系数的计算公式。王献孚等[22]通过风洞试验确认了降尘的正态分布规律有一定近似性,首次在风洞中测得若干种当量直径的粉尘粒子在大气中横向扩散系数的统计公式,并对其合理性做了间接的验证。王国超等[23]通过实际规模风巷中粉尘弥散实验研究,得出了实验条件下粉尘浓度沿风向变化曲线及风速场与粉尘浓度场之间的关系,从理论上阐明了其正确性。章社生等[24]在研究中构造了含单参数的粉尘扩散系数数学模型,推导出了规一化粉尘运动方程,采用正态随机变量绝对值的均值理论得出计算参数的代数方程、粉尘扩散距离及扩散系数的解析式。

近 20 年来,我国对大气污染问题尤为重视,对粉尘污染方面的关注越来越多,在隧道硐室内气固两相流理论方面也出现了高速发展。杨敏[25]通过对综采工作面粉尘浓度的现场测定,得出在风流作用力、重力、底板和煤壁的吸附以及对落尘的反弹作用下粉尘颗粒沿程扩散规律,提出总粉尘浓度沿程分布曲线随粉尘运移距离趋于一个稳定值,推导出粉尘二次扬尘的风速计算公式。宋凯等[26]基于紊流传质的理论,构建了硐室综采面采煤机割煤过程中粉尘弥散的数学模型,在纵向紊流弥散系数计算方法的基础上提出了适合综采面通风参数的呼吸性粉尘浓度时空分布的计算方法,并通过实例解算得出呼吸性粉尘在综采工作面的时空分布规律。聂文[27]通过长压短抽掘进面通风试验确定了通风条件影响风流场运移及粉尘扩散的规律,建立了风流场运移规律与压风口、迎头距离、压抽比和风量之间的关系模型。黄涛[28]对多粒径砂粒群在横向气流干扰下的运动情况进行了分析,提出不同的气流形式下砂粒群中不同大小的颗粒具有分层运动现象,为控尘系统如何应对移动尘源的污染问题提供了理论数据。张义坤等[29]根据气溶胶力学和流体动力学理论,结合工作面实际环境和粉尘二次飞扬特点建立了工作面移架产尘点与割煤产尘点耦合下的粉尘扩散模型,解决了紊流扩散系数和紊流纵向弥散系数无法求解的问题。

1.2.2 技术研究现状

从20世纪50年代开始,各国在改善隧道内空气质量理论方面进行了深入研究,而且在工程施工过程中的技术方面进行了改进和更新。

1958年英国Dartford隧道[30]开挖过程中采用了密闭式运渣车对岩渣进行密封式运移,保证了运输过程中飞尘的密封。日本潘拓谷隧道[31]采用大功率阶段送风式通风机对圆形掌子面进行供风后,施工环境明显好转,隧道内有害气体的浓度大幅降低。阿瑟柯隧道[32]施工过程中通风机采用了分布式布置形式,降尘效率较独立式布置提高了35%。在钻孔方面,国外隧道施工过程中采用了湿式钻孔和吸尘设备配合作业的方式,如20世纪80年代苏联的阿斯卡基公路隧道[33]采用了喷水式钻孔机和布袋除尘器联合作业的方式,降低了钻孔作业中飞尘的释放。炮泥降尘方面,日本迟元谷隧道[34]在开挖2300 m后采用了水基质的富水胶冻炮泥对炮孔进行了封闭,爆破后飞尘的释放量得到了控制,尤其是呼吸性小粒径粉尘的浓度明显下降。之后含有活性剂和化学基质(如氯化钙、氯化镁等)的炮泥在隧道施工中被逐渐采用[35-36]。

进入21世纪后,更加先进的除尘技术被广泛采用。静电除尘技术和降温通风技术[37-38]在欧洲被引入隧道施工中,解决了整个隧道内的环境恶化问题。随着湿喷技术的发展,隧道施工中采用了低回弹混凝土作为初衬材料[39]对隧道壁面进行喷浆,进一步降低了粉尘的扩散。同时,高效化学基质降凝剂[40]也被利用到喷浆工序中。在泡沫除尘[41-42]、超声波除尘[43]、磁化水除尘[44]等技术方面,国外的研究较为深入,目前很多先进的除尘技术都还在研制和试验阶段。

近年来,我国在隧道施工降尘技术方面的研究和应用主要包括湿式凿岩、水封爆破、雾化降尘、湿喷混凝土及除尘器除尘。各种技术的原理如表1-1所示。

表1-1 施工隧道降尘技术原理

序号	名称	降尘原理
1	湿式凿岩	通过凿岩机空心钎杆向钻孔内供水增加粉尘黏度,从而抑制飞尘的释放[45]
2	水封爆破	采用水基或化学基炮泥对炮孔进行封堵,爆破完毕雾化后的炮泥与粉尘颗粒接触,增加粉尘密度,以达到降尘的目的[46]
3	雾化降尘	向空气中悬浮的飘尘喷洒水雾,使水雾和粉尘接触后增加密度,加速沉落,达到降尘目的;向隧道壁面和地面喷洒水雾,使飘尘黏着在隧道壁面和地面上,抑制粉尘飞扬[47]
4	湿喷混凝土	按一定配合比将水泥、粗细骨料和水一起搅拌,采用湿式喷射机将拌好的混凝土输送到喷嘴,并在喷嘴处添加液体速凝剂,用压缩空气使混凝土形成料束,通过喷嘴喷射到围岩面上
5	除尘器除尘	通过负压将飞尘吸入净化机内部,净化机内滤袋或滤筒将粉尘隔后的粉尘收集,隧道外进行统一排放

（1）湿式凿岩

该施工方式在我国的隧道施工、矿洞开采中已经普遍采用,是凿岩工作有效防尘措施。

湿式凿岩法在供水困难的地区很难被采用,对此,鲍晶等[48]利用喷雾器实现了湿式钻眼的目的,并对喷雾器进行了系统改进,介绍了利用喷雾器进行湿式凿岩的方法,为同类型工程的施工提供了参考和借鉴。侯顺生[49]提出了推车式水箱增压喷雾配合湿式凿岩作业的方法,试验中粉尘浓度降低了94%以上,改善了作业环境,减弱了粉尘危害。杨志祥[50]通过对风管接口、储水罐、送水管道等处的改造,解决了冬期施工时湿式凿岩过程中除尘水结冰的问题,-18 ℃的气温下设备可运转正常,除尘正常。

（2）水封爆破

张士军等[51]通过施工隧道水封爆破试验发现,水封爆破能提高爆眼利用率7.6%,降低药耗13.1%。黄槐轩等[52]采用炮孔端部、底部加端部以及中间加端部等三种不同位置放置水袋进行爆破试验,结果表明炮孔中间加端部加放水袋的装药结构效果最为明显,粉尘量减少30%～35%,炮孔利用率提高4%～9%。焦永斌[53]在福建省晋江市体育中心西广场基建平基土石方开挖中,采用点药包与条形药包相结合、峒室普通爆破与峒室水封爆破相结合、峒室松动爆破与峒室相加松动爆破相结合的控制爆破技术,达到了快速、安全、降尘效果好的要求。毕王乐等[54]在复杂环境大规模基坑爆破施工中采用水封爆破技术,测得水封爆破条件粉尘的初始浓度及沉降速度大幅降低,最大爆破振动峰值速度为 0.93 cm/s,未超过爆破振动安全允许值。张昊等[55]以贵州某磷矿的平硐开拓工程为依托,采用水封爆破方式对地下矿山的粉尘综合治理进行了现场试验。研究表明,采用 1 支水封袋爆破时的平均 TSP 含量比无堵塞条件下爆破时降低了 44.2%;采用 2 支水封袋比采用 1 支水封袋时平均 TSP 含量降低了 13.2%。杨志祥[56]对煤层注水、湿式凿岩和水封爆破等减尘方法进行了研究分析,论述了个体防护措施,针对防尘管理的现状提出了建议。刘新华等[57]以洛湛铁路长乐隧道为对象,有针对性地提出水封爆破、洒水除尘等降尘方式,通过监测成果分析获得了掌子面瓦斯浓度变化曲线和地质超前钻孔瓦斯浓度变化曲线。

(3)雾化降尘

孟君等[58]介绍了利用煤尘监测传感器实现自动喷雾洒水装置的原理、特点及操作方法等,为煤矿安全生产创造了良好条件。于方洋[59]介绍了一种含有控制主机控制电磁阀的新型自动喷雾洒水控制器,该控制器实现了喷雾装置的自动洒水。实际应用表明,该控制器可靠性高,雾化效果好,平均降尘率为 92.7%。康壮苏等[60]对通风喷雾除尘系统中影响除尘效果的各种参数进行了详细的分析,结果表明:优化通风和喷雾参数可大幅提高除尘效率,具有较好的经济效益。张稳涛[61]分析了喷雾降尘工艺在隧道工程项目建设施工过程中的应用效能,以茅田界隧道工程为例进行了降尘效果对比评价。武沛武[62]针对工作面喷雾降尘效果不理想的问题设计了一种气水雾化降尘喷雾装置,该装置在掘进工作面回风侧风流中综合粉尘降尘效率接近 80%。蒋仲安等[63]通过实验研究了汽水喷嘴的雾化特性参数,得出了雾滴平均直径与气-水流量的变化规律,建立了相应的数学模型,采用MATLAB 软件绘制了降尘效率曲线。钱杰[64]采用实验方法分析了供气压力对空气雾化喷雾雾化特性及其降尘效率的影响,结果表明:空气雾化喷雾雾化粒径随喷雾供气压力的增大不断减小,全尘和吸尘降尘效率随喷雾供气压力增大而增大。

(4)湿喷混凝土

韩斌等[65]通过对湿喷混凝土的内部反弹率之间关系的分析,提出湿喷混凝土的回弹率与其配比、单轴抗压强度、挠曲强度等因素相关。张明等[66-67]从湿喷混凝土减弹、降尘和保证建设质量的角度,论述了湿喷混凝土研究的必要性;用流体力学理论分析了湿喷混凝土的射流规律,得出了最佳喷射速度的计算方法。李兵[68]以阜盘高速公路海棠山隧道初期支护湿喷混凝土为例,论述了新型混凝土湿喷技术特点、降尘效果及施工工艺。刘川彭等[69]结合东岭特长隧道工程实例对湿喷技术与结构支护的耦合关系进行了研究,分析了不同材料及组分配比条件下隧道内粉尘的分布情况。宋召谦[70]根据相关试验结果分析比较了湿式喷射混凝土技术对煤矿巷道内作业环境效果及综合经济效益的影响。杨安杰等[71]通过对青藏铁路昆仑山隧道湿喷混凝土作业分析,论述了高海拔地区湿喷条件下水泥、骨料、防冻剂、速凝剂和聚丙烯纤维材料的配比对粉尘扩散及冻土隧道混凝土质量的影响。李佳梦等[72]通过湿喷混凝土配合比优化现场试验,研究了关键物料掺量对湿喷混凝土回弹率的影响规律。宁逢伟等[73]从混凝土原材料、配合比、施工工艺三个方面综述了各因素对分散率、回弹率以及粉尘释放率的影响,提出各因素对回弹效应具有耦合作用。姜波[74]根据碰撞能量守恒原理对喷射混凝土回弹机理进行了分析,指出喷射角大于 70° 时可以获得较低的回弹率。

(5) 除尘器除尘

雷玉勇等[75]介绍了电除尘器在公路长隧道中的应用,对电除尘器在隧道中的安装位置和数量进行了公式推导。张卫东等[76]介绍了袋式除尘器的工作原理及其滤料的发展,分析了表面过滤机理在袋式除尘器滤料中的应用优势,展望了袋式除尘器在施工环境中的应用。甘苗苗[77]通过对环境污染状况的分析,对除尘器滤料的性能与特点进行了研究,介绍了除尘器滤料技术在项目建设中的发展优势。刘鹤忠等[78]在技术层面对湿式静电除尘器进行了分析,认为湿式静电除尘器对 PM_{10},尤其是 $PM_{2.5}$ 的微细粉尘有良好的脱除效果。沈婕青等[79]介绍了世界各国隧道中静电除尘器的应用情况,分析了不同类型静电除尘器的适用性和除尘效率。赵德刚[80]以温州赵三渡引水工程汤岙隧道施工为背景,分析了袋式洗滤除尘器的结构形式、除尘原理及除尘效果。赵玉报等[81]分析了干法除尘技术的机理,探讨了干法除尘机的技术和性能。研究表明,除尘机运行 2 min 后,粉尘浓度可由 75 mg/m^3 降至 3 mg/m^3。采用干法除尘机与射流通风机相结合的方式解决了长隧道施工中粉尘浓度超标的问题。王建军等[82]就除尘器在隧道施工中出现的一些问题提出了改进方案,保证了粉尘总体过滤效率在 99% 以上。谢俊生[83]根据阳煤集团煤矿井下全岩巷道的地质条件及岩巷综掘产尘规律,研制了以干式除尘器为核心的干式除尘系统,应用过程中工作面实现了 95.0% 的降尘率。张文清[84]采用新研发的干式除尘系统对综掘工作面进行除尘,巷道除尘率达到 99% 以上,呼吸性粉尘除尘效率达 88%,大幅降低了工作面粉尘浓度,改善了作业环境。目前该设备已通过国家安全标志认证和国家安全生产防爆检测。周建[85]通过对高效 CFT 除尘系统条件下风量匹配与除尘设备位置关系的分析和现场试验,得出了降低作业时巷道粉尘浓度的最优方案,并取得了良好的应用效果。李海增[86]通过对除尘器技术特点和现场工况的分析,提出了静电除尘器改造的施工组织设计原则、改造方法及改造过程中的注意事项和解决方案。肖容绪[87]对玻纤滤料在袋式除尘器中的应用进行了讨论,分析认为,玻纤滤料除尘率高,在实际工程应用中过滤效率达 99.99% 以上,除尘后粉尘浓度可降到 10 mg/m^3 以下,甚至达到 1 mg/m^3。

1.2.3 基于数值模拟分析研究现状

20 世纪初,英国数学家 Lewis Fry Richardson 论述了 Laplace 迭代法,为偏微分方程的数值分析奠定了基础,之后大型计算机的出现解决了数值分析在流体力学中巨量迭代计算的问题。

1997 年,Touran[88]以波士顿港净化工程排水隧道为背景,提出了通用概率法在既有时间范围内挖掘总长度的累积分布函数,模拟了某一长度隧道所需时间的分布。美国学者 Bahrami 等[89]针对开发累积分布函数的分析方法提出了数据建模中的案例,通过数值算例说明了模型的应用,并与实际数据进行了比较,结果表明实际数据与预测结果基本吻合。Popov 等[90]提出了利用 ANSYS CFD 软件计算隧道内轴流式风机气动参数的算法,该算法可以对风机空气截面各参数对风机气动性能的影响进行建模、计算和分析。Betta 等[91]通过计算流体动力(CFD)中的 k-ε 模型对隧道中轴流通风机的通风除尘效果进行了模拟,得出了通风机叶片的最佳安装攻角。Kim 等[92]在数值模拟中采用有限体积近似离散三维雷诺-斯托克斯方程(或称 RANS 方程)在六面体网格上进行了求解,并对通风机运行工况下的有效出口速度进行了优化,结果表明,优化模型的总效率有了显著提高。Goldasteh 等[93]通过预测粉尘颗粒再悬浮的蒙特卡罗模拟分析了粉尘颗粒不规则性、颗粒表面粗糙度和流动特性的影响,并对几种不同粒径的粉尘颗粒二次悬浮进行了评价。Niu Wei 等[94]采用气固两相流理论对某矿山工作面粉尘分布及运动进行了预测,通过 Fluent 软件包对粉尘运动进行了数据建模,并利用该模型预测了一组最适合降低工作面粉尘浓度的条件。Wang Hao 等[95]在隧道的全尺寸几何模型基础上利用欧拉-拉格朗日方法建立了描述工作面气流-粉尘移移的数学模型,通过现场实测值与数值模拟结果的对比,验证了所建立模型的有效性及相关参数的设置。

国内学者在隧道气固两相流数值模拟研究方面也有很多的成果。李明等[96]以雪山梁隧道工程为研究对象,基于流体力学软件 Fluent 及相关理论,对隧道主洞在压入式通风气流运动条件下采用三维紊态 k-ε 双方程湍流模型进行数值模拟,得出隧道在掘进过程中扬尘浓度和气体流场的演化特点。林炎顷等[97]建立隧道内多因素耦合作用的数值模型,对不同通风净化情况下隧道内的空气流动和污染物分布进行预测,并对模型进行了验证。房俊超等[98]利用有限元软件对长大隧道的湍流动能、速度场和压力场进行了三维动态数值模拟。结果表明,仅依靠竖井进行自然通风不能达到快速排出有毒气体的目的,须借助在竖井内安装风机等通风设备对风流进行合理引导。钟为等[99]采用流体力学软件 Fluent 对长大隧道通风散烟进行了三维数值模拟,研究不同负压风机风量对独头掘进的长大隧洞施工有害气体排放特性的影响,提出了隧洞内有害气体排出的最优方案。王永东等[100]在

MATLAB 语言环境下按不同的通风方案及相关功能模块进行组合,实现了长大公路隧道多种通风方案的比选和运营调控效果的数值模拟。石平[101]运用 Fluent 和 CFX 软件对隧道纵向通风系统进行了三维数值模拟分析,研究了隧道通风中的沿程损失、弯曲风道损失、缩径与扩径损失、三通损失之间的相互关系。张林[102]采用流体力学软件 Fluent 模拟了公路隧道射流风机各种安装条件下的流态,提出了公路隧道射流风机在各种安装条件下的最优方案。刘钊等[103]通过对某公路隧道模型的计算分析,得出了施工期隧道内流场和浓度场随时间在洞内的分布变化规律,根据 CO 的进入浓度和允许浓度对工作人员的进洞时间进行了研究。刘生等[104]基于有限元流体力学软件 Fluent 对麦积山隧道施工中的通风方案进行了数值模拟验证,阐述了通风过程中遇到的一些问题及解决方法。魏金凤等[105]选取非稳态不可压 Navier-Stokes 方程对浙江台州 104 国道黄土岭隧道通风系统进行了数值模拟,对不同方案的通风状况作了数值分析,为优化通风方案提供了依据。康小兵等[106]采用流体力学软件 Fluent 对紫坪铺高瓦斯隧道施工通风处理效果进行模拟,分析了不通风风速条件下瓦斯浓度的变化情况,对数值模拟数据与实际数据的吻合情况进行了验证。刘彤等[107]运用 CFD 软件模拟二郎山隧道半横向通风系统的局部空气流动状态、隧道及竖井和连接风道的局部阻力特性,得出各种几何结构型式和不同通风流量条件下用于一元流模拟模型计算的局部阻力系数。

1.3 风幕隔尘技术的理论研究现状

风幕隔尘技术利用条缝状射流对流场进行分割,从而形成两个区域,阻止区域间的能量与质量的交换。由于隔幕的介质是空气,不会对环境造成污染,也不会对人员和设备的运行产生影响,同时对粉尘和烟气具有一定的隔离特性,进而得到广泛的应用。如商场、厂房、冷库等工业建筑,通过在门顶上方设置风幕发生器以减少大门内外空气间的对流与交换,方便人流、物流的穿行[108]。自 20 世纪初 Tephilus Kemmel 发明门顶风幕以来,国内外对风幕在理论和应用方面也进行了广泛且深入的研究。

Kai Sirén[109]基于流体力学的理论提出了多种动量平衡的量纲化方法,分析了射流风幕的突破现象,推导了突破动量通量方程,介绍了突破比及其与射流角的关系。Costa 等[110]研究了不同动力参数和几何参数对风幕装置密封效率的影响,通过解算数值模拟 k-ε 湍流模型得出:风幕的性能由密封效率和密封效果两个参数表示。Sanjeev 等[111]比较和讨论了各种空气风幕设计的效率,通过射流角为 10° ~ 20° 的模型研究了风幕扩压器内通道流动从层流过渡到湍流的临界射流出口初速度。Lecaros 等[112]从数值和实验两方面研究了风幕的限热能力,并将仿真结果与实验数据进行了比较,通过对风幕雷诺数 $Re=1000$ 及风幕出口速度 $v=3$ m/s 两种情况的分析得出,混合层的不稳定性和碰撞区的流动结构是风幕传热传质的主要原因。Girá 等[113]利用 CFD 模拟和实测的方法对现有的风幕效率半解析方法进行了改进,获得了更为精确的简化模型,模型内采用大涡算法大幅缩短了求解的时间,修正了空风幕与行人、粉尘、气体等其他媒介的相互作用。Frank 等[114]研究了额外置换通风对风幕动力学的影响,以及由此带来的效果变化,将风幕动量通量与位移通风产生的横向力之比确定为主要控制参数,并提供了该参数的定量预测模型。

汤晓丽等[115]通过实验得出了风幕综合修正系数的计算公式,其计算结果与实验结果基本吻合,并分析了该系数的变化规律及变化的原因。何嘉鹏等[116]建立了高层建筑烟气流动的二维流场数学模型,通过流函数的叠加原理在实验研究的基础上推导了高层建筑火灾时防烟空风幕流量、吹风口宽度和吹风口的射流速度的计算模型。聂文等[117]利用风幕控尘原理对掘进面周围的粉尘进行了控制,并通过现场应用验证了空风幕控尘系统除尘效率。孟晗等[118]研制了一种新型矿用空风幕,将掘进工作面产生的高浓度粉尘与司机隔离,并利用除尘风机对含尘空气进行了脱尘处理,达到了净化作业环境的目的。丁厚成等[119]利用 Fluent 软件对双重空风幕隔尘性能进行了数值模拟研究,结果表明:双重空风幕能够削弱外侧空风幕对粉尘的卷吸作用。赵玲等[120]根据有效压力平衡原理,采用 Fluent 软件对循环型空风幕联合作业时巷道风流流场特性进行模拟分析,研究结果表明:循环型空风幕串联作业时,其隔断能力与空风幕间的间距有关;单侧串联时,其隔断能力随着间距的增大而增强,当间距增大到使两股射流无相互影响时,隔断能力达到最强。谭聪等[121]利用流体力学软件 Fluent 对不同的空风幕出口风速和出口宽度下综采工作面空气流场及空风幕两侧的粉尘浓度分布进行了数值模拟,确定了空风幕最佳隔尘效果参数。肖大强[122]针对抽出式风幕通风技术作了简单介绍,对传统压入方式和抽出式风幕通风技术作了对比分析,并对抽出式风幕通风技术在隧道施工中表现出的实际效用进行了总结。

1.4　现状存在的问题与不足

1.4.1　防尘降尘措施的局限性分析

钻爆法施工隧道内掌子面后方的施工作业区是高浓度粉尘的聚集区,所有施工作业中掌子面爆破后产尘量极大。炮孔内炸药在封堵的情况下膨胀爆炸,进尺内岩层剥离量大,小粒径的飘尘瞬间被释放,通风机介入之前掌子面附近的粉尘浓度瞬间值可达数千毫克每立方米,即使经过长时间的通风,对人体危害极大的 SiO_2 颗粒占比依然很高,严重威胁着施工人员的身心健康。由于隧道施工作业受掘进技术、施工设备及现场地形条件的限制,现有的防尘、降尘措施和管理措施存在很大的局限性,主要问题在于:

(1) 水体降尘。施工隧道内利用水体防尘降尘的方式很多,如巷道洒水、喷雾降尘等,其中喷雾降尘较为常用。外喷雾是利用喷嘴将水雾喷射到含尘气流中,水雾和颗粒进行凝聚、拦截、碰撞后两者结合,以此实现降尘。内喷雾则在隧道爆破作业前直接喷在爆破面上,爆破产尘时抑制其扩散。喷雾降尘的优点:含尘气流被快速运动的雾滴卷起,浮尘与雾滴发生碰撞增加了尘粒的重量,重力作用尘粒下沉。但相关研究[123]表明,高压水喷雾形成的雾滴粒径相对粉尘较大(150~400 μm),单位体积内形成雾滴数量较少,雾滴与粉尘颗粒之间发生实质性的惯性碰撞、拦截、凝聚及扩散等效应的概率小;由于细小粉尘颗粒表面气膜的存在,即使雾滴与粉尘发生碰撞,雾滴捕尘成功的概率也不高。由此可以看出,通过雾滴捕集粉尘达到的降尘控制效果很有限。

(2) 湿式凿岩。该技术在隧道掘进过程中已被广泛采用,凿岩过程中连续向钻孔底部供水,以润湿和捕获粉尘。凿岩过程中由于孔底湿化的排粉条件差,粉尘与水混合形成的泥浆容易随设备的震动进入设备内部,造成设备损坏,因此必须做好防护措施。为保证湿式凿岩的除尘效果,不同凿岩机对供水量、水压和气压的要求均不同。在冬季、高寒或者水资源紧缺的地区,施工比较困难。凿岩作业时施工人员距离粉尘释放点很近,湿式凿岩条件下部分未被湿化的高浓度粉尘被人员吸入的概率增大。

(3) 水封爆破。目前采用化学基质炮泥的除尘率较水基炮泥提高 40% 以上,其实质是化学基质的水雾对颗粒进行凝聚、拦截、碰撞后两者结合,以此实现降尘。该技术降尘过程为瞬间降尘,与水雾降尘技术相比没有持续性,仅适用于爆破作业的初始降尘阶段。

(4) 机械通风排尘。该技术是目前隧道开挖过程中最基本的降尘措施,以压入式通风最为普遍。该通风方式下粉尘需要通过整个隧道进行疏散,净化过程中必将造成整个洞身内空气质量严重下降。目前有研究[124-125]认为,单纯使用压入式通风进行空气净化,即使是通风 2 h 以上,隧道内粉尘浓度最高值依然严重超标。由于该通风方式需要大量的时间进行空气净化,将造成前后紧接工作步之间非工作时间的延长,增加了每个工作步之间的等待时间,从而造成整个施工工期延长。

(5) 除尘器除尘。一般情况下除尘器与压入通风方式配合使用,净化过程中除尘器通过吸尘口的负压迫使粉尘进入机体内部进行净化,负压区附近的粉尘很容易被吸入,远离负压区的粉尘则很难被吸入,未被除尘器吸入的粉尘依然通过隧道进行疏散。

（6）其他防尘降尘技术。由于受到隧道内空间结构和工作条件的限制,很多先进的大型除尘设备在适用性方面还存在诸多问题。对于之前提到的高效化学基质降凝剂降尘、泡沫除尘、超声波除尘、磁化水除尘等除尘技术,由于设备复杂、造价高昂,在隧道中的应用存在局限性。

1.4.2　风幕隔尘技术应用的局限性分析

现阶段风幕隔尘技术在采矿硐室内的研究和应用相对较广泛,其控尘降尘效果较明显。硐室内掘进机在掘进面进行矿料的直接采集,之后通过传送设备将矿料运送至相关地点,巷道内不需要预留车辆设备通行空间。对比采矿硐室,施工隧道断面较大,掌子面采用钻孔填药,爆破后利用装载设备配合运渣车辆将掌子面剥离后的岩块运送至隧道之外,因此隧道内必须预留运输人员、车辆及其他设备的通行空间。若施工隧道内采用矿硐风幕除尘设备进行粉尘净化,必将对运输设备产生限制;利用抽出式通风系统对粉尘进行净化,则会导致风管内的粉尘集聚、不易清扫,同时,气固两相流进入风筒会增加风阻,减小通风扬程,长距通风会降低通风性能,使用柔性风管困难,一旦风管漏风或破损,其内部积尘将再次污染隧道空间。

1.4.3　数值模拟分析的不足性分析

随着科技的进步以及计算机软硬件的快速发展,数值模拟技术得到了质的飞跃,尤其是各种复杂模型的提出,使数值模拟的应用更为广泛,工程分析工作中模拟技术可以解决和优化很多实际问题。但是目前国内外诸多学者采用数值模拟软件对隧道施工工程中粉尘流动状态进行模拟分析时,往往忽略了隧道掌子面爆破时粉尘的初始状态,给初始浓度赋值时过于主观,同时忽略了掌子面爆破完毕后机械通风介入前粉尘自由运动带来的时间差,使得模拟结果与实际值误差较大,不能真实反映不同时间段粉尘的浓度演化特点。某些学者甚至直接采用稳态模拟分析法对隧道内粉尘浓度演化特点进行分析,完全不能对粉尘的动态特点进行描述,仅能反映某一时间、某一地点上粉尘的静态浓度值。

1.5　研究目的、内容及方法

1.5.1　研究目的

根据现阶段隧道开挖过程中粉尘防治技术存在的不足以及风幕隔离技术结构与相关设备上的局限性等问题,本书提出了风幕通风方式,该通风方式通过斜向射流形成的风幕对爆破粉尘进行隔离,同时采用粉尘净化设备对隔离区内的含尘空气进行脱尘处理,以达到快速降尘、降低污染及节省施工时间的目的。

本书在相关射流理论的基础上,通过相似模化实验确定了风幕通风方式条件下各项参数的最优取值,利用数值模拟方法将传统压入式通风及风幕式通风条件下隧道流场三维矢量运动特点及非稳态情况下粉尘的分布特征进行了比对与分析,结果表明,风幕通风在粉尘净化效率及施工环境改进方面均优于传统的压入式通风。该研究成果不仅是对风幕应用领域的拓宽,同时也是对隧道除尘技术的丰富,可以对施工隧道风幕通风系统的设计提供理论依据和指导,研究过程中获取的相关参数还可为通风除尘系统的优化提供数据支撑,对保护作业人员的身心健康、促进文明施工有重要的现实意义,同时也有较高的工程实用价值。

1.5.2　研究内容

本书在参阅国内外相关文献的基础上,根据某客运专线铁路隧道施工的现场实际条件进行研究,主要研究内容如下:

(1)理论研究。以流体力学为理论基础,结合压入式通风条件下施工隧道内风流运动特点,对隧道钻爆法施工条件下的粉尘扩散运移理论和演化规律进行分析,研究风幕通风法隔尘除尘机理,利用平面紊动射流原理建立风幕射流运动理论计算模型,对射流运动过程、各参数之间的关系、射流断面速度分布、流量衰减及斜向射流流量分布特点等进行了理论分析。

(2)数据实测。对隧道施工作业区及沿程范围内不同位置上的风速值、风向及掌子面爆破后隧道内粉尘浓度演化情况进行现场检测,计算爆破作业后初始产尘量,分析隧道内气流流场的运动规律及非稳态情况下的粉尘扩散规律,为相似模化实验和数值模拟计算提供尺寸参量、风速值及粉尘粒径方面的数据支持。

(3)风幕通风系统参数计算。在理论和实测数据基础上,研究风幕条件下施工作业区内气流运动特点、粉尘扩散分布规律及其浓度演化特点,通过相关模型分析风幕通风系统的相关设置参数,为数值计算和模化实验提供结构参数上的数据支持。

(4)相似模化实验。依据隧道的实际情况建立等比例尺寸模型,根据相似理论推导出施工隧道内粉尘扩散的相似准则数,通过相似模化实验对隧道实验模型风幕式通风设备最优参数及风隔尘、除尘效果进行分析,根据相似模化模型的最优实验参数对隧道实体内的相关参数进行回归性分析,为 Fluent 数值模拟提供数据参考。

(5)数值模拟计算。根据隧道的实际施工情况,对压入式通风条件及风幕式通风条件下的流场规律及粉尘浓度场演化特点进行分析比较,并将两个模型在流场特点、粉尘演化特点及除尘时间与除尘效率方面进行对比分析,以验证风幕通风降尘的高效性。

（6）总结与完善。在数值模拟、相似模化实验的基础上对风幕通风理论分析和实验结果进行归纳，总结文章主要研究成果和创新点，对风幕通风在施工隧道中的应用提出完善建议。

1.5.3 研究方法

本书主要采用理论分析、现场测试、相似模化实验和数值模拟四种方法对施工隧道通风除尘效果进行研究。

主要研究方法如下：

（1）理论分析。运用流体力学、气固两相流理论及射流理论，结合隧道实际施工条件，建立相关数学模型。

（2）现场测试。参照相关学者研究结论及相关标准，在序岭隧道内布设监测点，测定风速、风向及不同时间周期上的粉尘浓度分布数据，并对测定的数据进行分析和处理，得出风流的矢量特点及粉尘浓度在非稳态条件下的浓度演化情况。

（3）相似模化实验。采用亚克力材料建立序岭隧道风幕通风系统的缩尺模型，根据相似理论推导出施工隧道内粉尘扩散的相似准则，配置相似粒径粉尘在与尘源不同距离的断面上建立检测点，模型供风条件下通过相关设备检测风幕两侧粉尘浓度的数据分布，以此确定风幕式通风条件下射流喷口尺寸、喷口角度、喷口初速度及吸尘口风速的最优值。

（4）数值模拟。采用 Solidworks 软件分别建立压入式通风条件及风幕式通风条件下序岭隧道的等尺寸模型，通过 ICEM 软件对模拟进行网格划分及边界条件设置，运用 ANSYS-Fluent 软件对模型进行求解，经 Tecplot 软件进行模拟结果后处理，并对求解结果进行对比分析。

第2章

隧道粉尘扩散运动分析与现场检测

钻爆施工条件下,钻孔、爆破、喷浆、出渣运输等过程中产生大量的粉尘,在相对密闭的空间内小粒径粉尘随空气流动方向发生运移和扩散,从而引发尘化效用。为了解钻爆法粉尘来源、掌握粉尘的运动特性,本章主要针对钻爆施工条件下的产尘机理、空气介质流动基本控制方程及粉尘在运移过程中的受力情况进行理论分析,同时以施工隧道为研究背景,在压入式通风方式条件下对隧道施工作业区内气流流场及掌子面爆破后不同时间段内粉尘浓度进行现场检测,并对检测结果进行统计和分析。

2.1 研究意义

隧道掌子面爆破完毕,粉尘被瞬间释放后受各种因素的影响在隧道内进行运动扩散,通过对粉尘扩散运动的分析可以得出粉尘的运动特性及影响粉尘颗粒分布的决定性因素。研究通风条件下粉尘在隧道内的扩散运动及演化特征,必须对气流运动特点及不同时间段内粉尘浓度值的变化情况进行现场检测。现场检测的意义在于:

(1)通过气流运动方向及其流速的检测,可得出压入式通风条件下掌子面后方施工作业区域及隧道沿程方向上气流矢量运动特点。

(2)通过对初始粉尘浓度值的检测,可对初始粉尘释放量的拟合计算提供数据支撑,为第4章模化相似性实验及第5章数值模拟提供粉尘量取值依据。

(3)通过对施工作业区粉尘浓度值及沿程粉尘浓度值的周期间隔性检测,可以得出不同通风时间条件下隧道内粉尘浓度极值点的分布规律、排尘特性、排尘效率及粉尘浓度的达标时间,同时为第5章风幕通风方式的除尘效果提供比对参照。

2.2 隧道钻爆条件下粉尘产生过程及其微观特征

2.2.1 施工作业产尘过程

钻爆法,即通过钻孔、装药、爆破开挖岩石形成隧洞体的方法。爆破前根据地质条件、断面大小、支护方式、工期要求以及施工设备、技术等条件选定掘进方案,之后通过人工或者钻孔台车在掌子面进行钻凿成孔,孔内放置炸药后引爆,造成岩体的剥离,进而达成掘进开挖的目的。开挖完毕后,初喷混凝土、挂钢筋网、架设钢筋拱架、复喷混凝土至设计厚度形成初衬,运渣车将爆破产生的岩块运往洞外,进行防水隔离层布设及二次衬砌。整个过程除布设防水层及二次衬砌产生少量粉尘外,钻孔、爆破、喷射混凝土及出渣过程中均会释放较大量的粉尘或出现二次扬尘,尤其是掌子面爆破后的产尘量非常大,瞬间浓度值可达上千毫克每立方米。

(1)钻孔作业产尘过程。隧道施工的钻孔作业中,凿岩机活塞不断地冲击钢钎尾部,在压缩空气的作用下,钢钎连续高频往复冲击掌子面岩石并与之剧烈摩擦,岩石表层在被钢钎冲击成孔的过程中发生破碎离析,形成一定深度的圆形钻孔。该过程产生大量粉尘,钢钎中心孔连续输入压缩空气,伴随钻杆钢钎高速伸缩运动,压缩空气将粉尘吹离,挤压出孔洞之外,部分大颗粒粉尘受重力作用发生沉降,小颗粒粉尘在周围压缩空气以及通风设备的作用下向隧道空间弥散,伴随气流流动方向一起运动,进而污染隧道内的作业环境。

(2)爆破作业产尘过程。钻爆法施工隧道爆破作业是利用炸药在土石介质中爆炸所产生的压缩、松动、破坏、抛掷作用,达到掘进剥离目的的技术。在炮眼内部填药,爆炸产生的高温高压空气猛烈冲击周围土石,并在岩体中激起呈同心球状传播的应力波,产生巨大压力;当压力超过土石强度时,土石即被破坏。在整个爆破过程中,伴随着炸药的巨大能量释放,土石结构被破坏,粉碎成颗粒和粉尘,此过程粉尘被瞬间释放,同时产生大量有害气体(炮烟)。由于释放过程是在应力波作用下进行的,该作业过程粉尘浓度最高,释放量最大,爆破引起的冲击波将为隧道内悬浮、弥散以及附着在隧道壁面上的粉尘提供一定的动能,发生二次扬尘,扬尘沿冲击波释放方向运动。

(3)喷射混凝土作业产尘过程。喷射混凝土是利用压力喷枪喷涂和灌注细石混凝土的施工方法,常用于灌筑隧道内衬、墙壁等薄壁结构或其他结构的衬里以及钢结构的保护层。其喷射动力为高压空气,将预先配好的水泥、砂、石子、水和一定数量的外加剂装入喷射机,利用高压空气将其送到喷头和速凝剂混合后高速喷向岩土或混凝土的表面而形成壳装结构。在喷枪喷浆时,喷射出来的混凝土物料与结构表面发生接触和撞击,其团块发生分崩破碎,一部分物料与结构产生黏结效果,另一部分则发生回弹,对周围空气产生扰动。高速射流撞击结构表面时还会产生以喷点为中心的横向散射混溶效应,该过程中结构壁面上附着的混凝土物料被新的物料冲撞分开,粉尘随即产生。喷射混凝土作业分为干拌法和湿拌法,由于干拌法喷射速度大,粉尘污染和回弹情况严重,因此在施工作业中受到一定的限制。

(4)出渣运输作业产尘过程。施工隧道出渣运输作业主要采用工程运输车辆进行装渣运输,如装载运输车、铲斗式运渣车、大型翻斗式运渣车等,这些工程车辆在装载过程中及渣土运输过程中,车轮与地面上的沉积粉尘摩擦接触后产生扬尘,车辆运行产生的气流也会使隧道内壁表面以及设备表面沉积的粉尘再次扬起。若在运输过程中车辆未进行覆盖运输或者覆盖不严密,同样会在隧道内部造成大量粉尘泄漏弥散,形成二次粉尘污染。

2.2.2　粉尘颗粒基本微观特征

粉尘颗粒的微观参数包括球形度、长径比、粒径、分散度、浓度、庞大率及比表面积等,在工程研究中主要针对粉尘浓度、形状、粒径和分散度进行研究。

(1)粉尘浓度。粉尘浓度是指单位体积空气中粉尘的含量。有两种表示方法,一种是质量浓度,即每立方米空气中所含粉尘的质量(mg/m^3);另一种是颗粒浓度,即每立方米空气中所含粉尘颗粒的数量。工业通风技术中一般用质量浓度来表述粉尘浓度。目前,国内工程研究中主要采用粉尘浓度值的下降幅度作为施工环境中粉尘净化效果及降尘率的评价指标。施工隧道中,不同水平位置及垂直高度上的粉尘浓度值不尽相同,压入式通风条件下,随着通风时间的延长,粉尘浓度值在隧道内发生动态演化,浓度峰值点的位置顺隧道沿程方向由施工作业区向隧道口移动。

(2)粉尘形状。对粉尘形状的描述一般通过球形度或长径比参数进行。球形度是指与粉尘体积相同的球体,表面积和粉尘表面积的比,球体的球形度等于1,其他非球体的球形度小于1,该参数为三维意义上对粉尘形状的描述。长径比是指粉尘颗粒二维投影上长宽比值,当长径比接近1时,表明粉尘颗粒的外形较规则。在隧道施工作业中产生的粉尘为球形的概率很小,一般都为不规则的非球形颗粒,实际研究中,为便于研究问题的简化和区分,通常将粉尘颗粒的外形假定为规则的球形。

(3)粉尘粒径。粉尘粒径是指尘颗粒大小的尺度。考虑到粉尘外形的不规则性,为了获得统计意义上的相似定义,工程研究中一般采用粉尘颗粒二维投影的定向长度表示粒径。根据粉尘粒径的大小,施工隧道中粉尘可分为五类[126],如表2-1所示。

表 2-1　粉尘粒径级别分类

粒径范围	粉尘类型	粉尘特点
<2 μm	超微粉尘	沉降非常困难,大量沉积于肺腔中,很难被呼吸排出
2~5 μm	微尘	沉降困难,能深入肺部
5~10 μm	超细尘	沉降困难,大部分在呼吸道沉积,被分泌的黏液吸附后可随痰排出
10~40 μm	细尘	无风条件下沉降速度较慢,可以滞留在呼吸道中,光线下肉眼可见
>40 μm	粗尘	无风条件下受重力影响迅速沉降

由表 2-1 可看出,粉尘颗粒粒径越小,沉降越困难,越容易被人体吸入,对施工人员的危害也就越大。从对人体的损伤程度方面,还可以将粉尘分为非呼吸性粉尘和呼吸性粉尘。将空气动力学直径小于 7.07 μm 的粉尘均视作呼吸性粉尘[127],该类粉尘可通过呼吸直接进入人体呼吸系统,是各种尘肺病的直接诱因[128]。

(4)粉尘分散度。粉尘分散度又称粉尘粒径分布,是指不同粒径尘粒在全体粉尘中所占的百分比,其反映岩体的破碎程度。目前有研究[129]表明,作业环境下尘肺病的诱因除粉尘浓度值外,粉尘粒径分布状态,尤其是粒径小于 2 μm 的肺泡区高沉积呼吸性粉尘的分布状态,亦与尘肺病高度相关。

根据铁路隧道施工粉尘粒径分布实测资料[130],粒径≤9 μm 的粉尘占比约为 97.07%。

2.3　气流运动基本控制方程及求解

2.3.1　空气流动计算的条件假设

建立空气流动力学模型需要做出 4 种条件假定[131]:

(1)隧道内的空气为理想空气状态,为表征隧道内空气参数关系,计算时假定隧道内气流满足理想空气状态方程。

(2)隧道内空气介质为不可压缩空气。

(3)隧道内气流为稳定流。

(4)隧道内空气流动符合连续性规律。

2.3.2　空气流动基本控制方程

空气流动应满足守恒定律的流体力学基本方程组,即连续性方程、动量守恒方程、能量守恒方程[132]。

(1)连续性方程。其意义在于单位时间内流出的流体净质量之和应等于同一

时间间隔控制体内因密度变化而减少的质量,其表达式如下所示:

$$\frac{\partial \rho}{\partial t}+\frac{\partial (\rho u_x)}{\partial x}+\frac{\partial (\rho u_y)}{\partial y}+\frac{\partial (\rho u_z)}{\partial z}=0 \qquad (2-1)$$

式中:u_x、u_y、u_z —— x、y、z 方向的速度分量, m/s;

　　　　t —— 时间,s;

　　　　ρ —— 空气密度,kg/m³。

根据假定条件,隧道内空气为不可压缩流体,即 ρ 不变,则:

$$\frac{\partial (u_x)}{\partial x}+\frac{\partial (u_y)}{\partial y}+\frac{\partial (u_z)}{\partial z}=0 \qquad (2-2)$$

（2）动量守恒方程。其意义在于微元体随时间的变化率等于作用在微元体上的力,其表达式为:

$$\begin{cases} \dfrac{\partial (\rho u_x)}{\partial t}+\nabla (\rho u_x \vec{u})=-\dfrac{\partial p}{\partial x}+\dfrac{\partial \tau_{xx}}{\partial x}+\dfrac{\partial \tau_{yx}}{\partial y}+\dfrac{\partial \tau_{zx}}{\partial z}+\rho f_x \\[2mm] \dfrac{\partial (\rho u_y)}{\partial t}+\nabla (\rho u_y \vec{u})=-\dfrac{\partial p}{\partial y}+\dfrac{\partial \tau_{xy}}{\partial x}+\dfrac{\partial \tau_{yy}}{\partial y}+\dfrac{\partial \tau_{zy}}{\partial z}+\rho f_y \\[2mm] \dfrac{\partial (\rho u_z)}{\partial t}+\nabla (\rho u_z \vec{u})=-\dfrac{\partial p}{\partial z}+\dfrac{\partial \tau_{xz}}{\partial x}+\dfrac{\partial \tau_{yz}}{\partial y}+\dfrac{\partial \tau_{zz}}{\partial z}+\rho f_z \end{cases} \qquad (2-3)$$

式中:　　p —— 流体微元体上的压强,Pa。

　　　　τ_{ij} —— 作用在微元体表面上的黏性应力分量,Pa。

f_x、f_y、f_z —— x、y、z 方向上的单元质量力, m/s²;若质量力只受重力影响,且 z 轴的方向为垂直向上,则 $f_x=f_y=0$,$f_z=-g$。

内摩擦定律:

$$\begin{cases} \tau_{xx}=2\mu\,\dfrac{\partial u_x}{\partial x}+\lambda\,\nabla\,\vec{u} \\[2mm] \tau_{yy}=2\mu\,\dfrac{\partial u_y}{\partial y}+\lambda\,\nabla\,\vec{u} \\[2mm] \tau_{zz}=2\mu\,\dfrac{\partial u_z}{\partial z}+\lambda\,\nabla\,\vec{u} \end{cases} \qquad (2-4)$$

$$\begin{cases} \tau_{xy}=\tau_{yx}=\mu\left(\dfrac{\partial u_x}{\partial y}+\dfrac{\partial u_y}{\partial x}\right) \\[2mm] \tau_{xz}=\tau_{zx}=\mu\left(\dfrac{\partial u_x}{\partial z}+\dfrac{\partial u_z}{\partial x}\right) \\[2mm] \tau_{yz}=\tau_{zy}=\mu\left(\dfrac{\partial u_y}{\partial z}+\dfrac{\partial u_z}{\partial y}\right) \end{cases} \qquad (2-5)$$

式中:μ——介质动力黏性系数,kg/(m·s);

    λ——第二黏性系数,Pa·s,通常取值-0.67 Pa·s。

将式(2-4)、式(2-5)代入式(2-3),得:

$$\begin{cases} \dfrac{\partial(\rho u_x)}{\partial t} + \nabla(\rho u_x \vec{u}) = -\dfrac{\partial p}{\partial x} + \nabla(\mu \mathrm{grad} u_x) + S_{u_x} \\[3mm] \dfrac{\partial(\rho u_y)}{\partial t} + \nabla(\rho u_y \vec{u}) = -\dfrac{\partial p}{\partial y} + \nabla(\mu \mathrm{grad} u_y) + S_{u_y} \\[3mm] \dfrac{\partial(\rho u_z)}{\partial t} + \nabla(\rho u_z \vec{u}) = -\dfrac{\partial p}{\partial z} + \nabla(\mu \mathrm{grad} u_z) + S_{u_z} \end{cases} \quad (2-6)$$

式中:S_{u_x}、S_{u_y}、S_{u_z}——广义源项。

其中 $S_{u_x} = \rho f_x + S_x$,$S_{u_y} = \rho f_y + S_y$,$S_{u_z} = \rho f_z + S_z$,则 S_x、S_y、S_z 为:

$$\begin{cases} S_x = \dfrac{\partial}{\partial x}\left(\mu \dfrac{\partial u_x}{\partial x}\right) + \dfrac{\partial}{\partial y}\left(\mu \dfrac{\partial u_y}{\partial x}\right) + \dfrac{\partial}{\partial z}\left(\mu \dfrac{\partial u_z}{\partial x}\right) + \dfrac{\partial}{\partial x}(\lambda \nabla \vec{u}) \\[3mm] S_y = \dfrac{\partial}{\partial x}\left(\mu \dfrac{\partial u_x}{\partial y}\right) + \dfrac{\partial}{\partial y}\left(\mu \dfrac{\partial u_y}{\partial y}\right) + \dfrac{\partial}{\partial z}\left(\mu \dfrac{\partial u_z}{\partial y}\right) + \dfrac{\partial}{\partial y}(\lambda \nabla \vec{u}) \\[3mm] S_z = \dfrac{\partial}{\partial x}\left(\mu \dfrac{\partial u_x}{\partial z}\right) + \dfrac{\partial}{\partial y}\left(\mu \dfrac{\partial u_y}{\partial z}\right) + \dfrac{\partial}{\partial z}\left(\mu \dfrac{\partial u_z}{\partial z}\right) + \dfrac{\partial}{\partial z}(\lambda \nabla \vec{u}) \end{cases} \quad (2-7)$$

式(2-7)也称为运动方程,亦称 Navier-Stokes 方程。对于不可压缩的黏性流体,S_x、S_y、S_z 通常取0。

(3)能量守恒方程。其意义在于微元体中能量的增加率等于进入微元体的净热流通量加上质量力与表面力对微元体所做的功,其表达式为:

$$\begin{cases} \dfrac{\partial(\rho c_p T)}{\partial t} + \dfrac{\partial}{\partial x}(\rho v c_p T) - \dfrac{\partial p}{\partial t} = \dfrac{\partial}{\partial x}\left(\psi \dfrac{\partial T}{\partial x}\right) + S c_p T - \sum_k n_{pk} Q_k - Q_r \\[3mm] \dfrac{\partial(\rho c_p T)}{\partial t} + \dfrac{\partial}{\partial y}(\rho v c_p T) - \dfrac{\partial p}{\partial t} = \dfrac{\partial}{\partial y}\left(\psi \dfrac{\partial T}{\partial y}\right) + S c_p T - \sum_k n_{pk} Q_k - Q_r \\[3mm] \dfrac{\partial(\rho c_p T)}{\partial t} + \dfrac{\partial}{\partial z}(\rho v c_p T) - \dfrac{\partial p}{\partial t} = \dfrac{\partial}{\partial z}\left(\psi \dfrac{\partial T}{\partial z}\right) + S c_p T - \sum_k n_{pk} Q_k - Q_r \end{cases} \quad (2-8)$$

式中:ρ —— 流体密度,kg/m³;

    v —— 流体速度,m/s;

    p —— 流体压力,Pa;

    t —— 时间,s;

    S —— 源项,kg/(m³·s);

    c_p —— 比定压热容,J/(kg·K);

ψ —— 导热系数,W/(m·K);

Q_k —— k 项颗粒在对热换热条件下从流体中带走的热量,W/(s·m³);

Q_r —— 辐射热量,W/(s·m³);

T —— 温度,K。

空气流动遵循质量守恒、动量守恒和能量守恒三大物理定律。施工隧道内的空气流动涉及不同组分空气的混合和相互作用,因此在研究施工隧道通风系统时还要遵循组分守恒定律。由于本书仅对施工隧道内粉尘污染进行分析研究,因此对于不同气体之间的组分守恒这里不做讨论。

2.3.3　空气流动基本控制方程求解

根据空气流动计算的条件假设,隧道内空气流动为稳定的定常流,空间流场为恒温定常流场。

连续方程:

$$\frac{\partial \rho}{\partial t} + \frac{\partial}{\partial x_t}(\rho v_t) = 0 \tag{2-9}$$

动量方程:

$$\frac{\partial \rho}{\partial t}(\rho v_t) + \frac{\partial}{\partial x_j}(\rho v_i v_j) = -\frac{\partial \rho}{\partial x_i} + \frac{\partial}{\partial x_i}\left(\mu_e\left(\frac{\partial v_i}{\partial x_i} + \frac{\partial v_i}{\partial x_j}\right)\right) + \rho g_i + S_i \tag{2-10}$$

其中:

$$\mu = \mu_e + \mu_t, \mu_t = \rho C_\mu \frac{k^2}{\varepsilon}$$

式中:　x_i —— 直角坐标($i=1,2,3$);

u_i —— x_i 方向上的流速分量, m/s;

ρ —— 流体密度,kg/m³;

S_i —— 紊流动量源项,N/m³;

k —— 湍动能源项,m²/s²;

ε —— 湍动能耗散率,m²/s³;

μ_e、μ_t —— 层流黏性系数、湍流黏性系数,kg/(m·s);

p —— 静压力,Pa;

g_i —— i 方向的重力加速度, m/s²。

组分方程:

$$\frac{\partial}{\partial t}(\rho Y_s) + \frac{\partial}{\partial x_j}(\rho v_i Y_s) = \frac{\partial}{\partial x_j}\left(\frac{\mu_e}{\sigma_s}\frac{\partial Y_s}{\partial x_j}\right) \tag{2-11}$$

式中:Y_s——组分质量分数。

紊流 k 方程：

$$\frac{\partial}{\partial t}(\rho k)+\frac{\partial}{\partial x_j}(\rho k v_i)=\frac{\partial}{\partial x_j}\left(\frac{\mu_e}{\sigma_k}\frac{\partial k}{\partial x_j}\right)+G_k-\rho\varepsilon \qquad (2-12)$$

紊流耗散率 ε 方程：

$$\frac{\partial}{\partial t}(\rho\varepsilon)+\frac{\partial}{\partial x_j}(\rho\varepsilon v_i)=\frac{\partial}{\partial x_j}\left(\frac{\mu_e}{\sigma_\varepsilon}\frac{\partial\varepsilon}{\partial x_j}\right)+\frac{\varepsilon}{k}(G_{1\varepsilon}G_k-C_{2\varepsilon}\rho\varepsilon) \qquad (2-13)$$

其中：
$$G_k=\mu_t\left(\frac{\partial v_i}{\partial x_j}+\frac{\partial v_j}{\partial x_i}\right)\frac{\partial v_i}{\partial x_j}$$

式中：　　　　σ_k——k 方程的 Prandtl 数；

σ_ε——ε 方程的 Prandtl 数；

G_k——平均速度梯度引起的湍动能 k 的产生项；

$C_{1\varepsilon}$、$C_{2\varepsilon}$、σ_k、σ_ε——分别取 1.44、1.92、1.0、1.2。

在某一规定时刻，参考隧道内相关空气流动的属性参数，利用上述求解方法对空气流动基本控制方程进行解析，可确定空气在隧道内的流动速度及运动轨迹。

2.4 粉尘扩散运动受力分析

施工隧道掌子面爆破前，按相关技术措施要求临时关闭通风系统，爆破完毕后通风系统开启最大通风量进行供风。机械通风介入前，隧道内粉尘颗粒在水平方向上的逸散方式首先为爆破惯性力作用下的运动，之后进入浓度梯度上的扩散[133]，机械通风介入后颗粒运动状态转变为随流运动，整个过程中粉尘都受到竖直方向的重力影响。

2.4.1 粉尘运动过程受力

通常情况下，施工环境中粒径大于 10 μm 的粉尘称为落尘，其颗粒在重力作用下可随自身重力沉降在隧道底板、壁面或设备堆积物表面。粒径小于 10 μm 的固体微粒，由于其粒径微小，弥散过程中受空气对粉尘的黏着影响，很难在重力作用下出现沉降，进而在空气中发生悬浮，称为浮尘。据相关实验数据[134]，空气流动速度为零的条件下，不同粒径的粉尘从高度为 1 m 处自由降落到底板所需的时间如表 2-2 所示。

表 2-2　空气流动速度为零时不同粒径粉尘从高度 $h=1$ m 处自由降落到底板所需时间

粉尘类型	落尘		浮尘		
粉尘粒径/μm	100	10	1	0.5	0.2
沉落时间/s	2.6	264	25 200	79 200	331 200

由表 2-2 可以看出,空气流动速度为零的条件下粉尘粒径小于 10 μm 时,自由沉落时间均在 264 s 以上。

同样,落尘和浮尘在不同环境下可以相互转化,当落尘受到机械振动、冲击以及隧道中风流的变化等外界条件干扰时,可再次被吹扬转化为浮尘[135],风速变化与粉尘粒径的关系如表 2-3 所示。

表 2-3 落尘转化为浮尘时风速变化与粉尘粒径的关系

粉尘粒径/μm	105~75	75~35	35~10
吹扬风速/(m/s)	6.30	5.29	3.48

可见粉尘在隧道中的运动状态除与颗粒的粒径、密度、外形相关外,亦与隧道内空气流动速度及其他外在因素相关。施工隧道内粉尘的运动主要取决于作用在颗粒上的力,包括:

(1)质量力。指与粉尘质量相关的力,如重力、惯性力等。

(2)气固作用力。指气流和粉尘之间的相互作用力,如推力、湍流力、布朗运动扩散力等。

(3)分子作用力。指粉尘之间的相互作用力,如吸附力、碰撞力等。

(4)其他作用力。如粉尘与空气中蒸汽分子之间的相互作用力。

2.4.2 重力作用下粉尘沉降受力

无风条件下粉尘颗粒在重力、浮力和阻力联合作用下产生迁移和沉降。为了方便研究,将不规则的粉尘颗粒假定为球形颗粒,F_1 为粉尘自身的重力,F_2 为空气对粉尘的浮力,F_3 为粉尘沉降过程中受到的阻力,单位均为 N。

粉尘的重力 F_1 为:

$$F_1 = m_p g = \frac{1}{6}\pi d_p^3 \rho_p g \tag{2-14}$$

粉尘受到的浮力 F_2 为:

$$F_2 = m_a g = \frac{1}{6}\pi d_p^3 \rho_a g \tag{2-15}$$

粉尘受到的阻力 F_3 为:

$$F_3 = \frac{1}{4}\pi d_p^2 \frac{v^2}{2}\rho_a \lambda = \frac{1}{8}\lambda \pi \rho_a (d_p v)^2 \tag{2-16}$$

式中:m_p —— 粉尘质量,kg;

m_a —— 空气质量,kg;

ρ_p —— 粉尘密度,kg/m³;

ρ_a —— 空气密度，kg/m^3；

d_p —— 粉尘粒径（直径），m；

v —— 粉尘沉降速度，m/s；

λ —— 空气阻力系数。

由于 F_1 与 F_2 方向相反，其合力 F 为：

$$F = F_1 - F_2 = \frac{1}{6}\pi d_p^3(\rho_p - \rho_a)g \qquad (2-17)$$

当 $F_1-F_2>F_3$，即 $F>F_3$ 时，粉尘颗粒加速沉降；当阻力值增大，F_1-F_2 趋于 F_3 时，粉尘颗粒开始匀速下降，此时粉尘下降速度称为沉降速度或 Stokes 速度。这里假定 $F_1-F_2=F_3$，即 $F=F_3$，对式(2-16)、式(2-17)进行合并，得：

$$F = F_3 = \frac{1}{6}\pi d_p^3(\rho_p - \rho_a)g = \frac{1}{8}\lambda\pi\rho_a(d_p v)^2 \qquad (2-18)$$

对式(2-18)进行化简，得出粉尘沉降速度 v：

$$v = 3.61\sqrt{\frac{d_p^3(\rho_p - \rho_a)}{\lambda\rho_a}} \qquad (2-19)$$

式(2-19)中除空气阻力系数 λ 外，其他因子均可根据粉尘及空气的物理量进行取值。空气阻力系数 λ 的大小与气流状态直接相关。当粉尘处于运动气流中时，重力作用下粉尘沉降状态又取决于气流流体的雷诺数 Re。

$$Re = \frac{v d_p \rho_a}{\mu} \qquad (2-20)$$

式中：μ —— 介质动力黏性系数，$kg/(m \cdot s)$。

参考相关文献资料[136]，不同气流运动状态下空气雷诺数 Re 与球形粉尘颗粒沉降的阻力系数 λ 之间的取值关系如表2-4所示。

表2-4　不同气流运动状态下 Re 与 λ 之间的取值关系

Re	<1	1	2	3	5	7	10	30
λ	24/Re	26.5	14.4	10.4	6.9	5.4	4.1	2.0
Re	60	100	200	500	1000	$10^3 \sim 2\times10^5$	$>2\times10^5$	
λ	1.3	1.07	0.77	0.55	0.44	$0.44 \sim 0.47$	0.22	

不同雷诺数 Re 条件下球形粉尘颗粒在空气中（$\rho_a \approx 1.2\ kg/m^3$）沉降速度 v 的近似取值如表2-5所示。

表 2-5　不同雷诺数 Re 条件下球形粉尘颗粒沉降速度 v 的近似取值

Re	λ	$v\ /\ (\mathrm{m/s})$
<1	24/Re	$v=\dfrac{d_{\mathrm p}^2\rho_{\mathrm p}}{18\mu}$
$1\sim10^3$	26.5~0.44	$v=3.62\sqrt{\dfrac{d_{\mathrm p}\rho_{\mathrm p}}{\lambda\rho_{\mathrm a}}}$
$10^3\sim2\times10^5$	0.44~0.47	$v=4.9\sqrt{d_{\mathrm p}\rho_{\mathrm p}}$
$>2\times10^5$	0.22	$v=7\sqrt{d_{\mathrm p}\rho_{\mathrm p}}$

当粉尘颗粒为非球形颗粒时,其阻力系数 λ' 的取值由球形颗粒阻力系数 λ 经修正后得出,即 $\lambda'=\eta\lambda$,η 为修正系数。根据相关文献[136],η 的取值如表 2-6 所示。

表 2-6　不同形状粉尘颗粒修正系数 n 的近似取值

粉尘颗粒形状	修正系数 η
表面粗糙的球形颗粒	2.42
椭圆形颗粒	3.08
片状颗粒	4.94
不规则颗粒	2.75~3.50

2.4.3　惯性力作用下粉尘运动受力

掌子面爆破后粉尘伴随爆炸冲击波被释放,在炸药冲击力 F_z 条件下粉尘瞬间获得初速度,之后依靠惯性力的作用维持运动。假定粉尘获得初始速度 v_0 后离开掌子面,在 F_z 消失后,粉尘只能依靠惯性力做水平方向的减速运动(暂忽略沉降过程中的受力)。该运动可通过牛顿定律用以下方程[137]描述:

$$m\frac{\mathrm dv}{\mathrm dt}=F_z-F_4 \tag{2-21}$$

式中:m——粉尘质量;

　　　F_z——炸药冲击力,惯性力作用下粉尘运动时 $F_z=0$,N;

　　　F_4——粉尘水平运动方向的阻力,N。

粉尘颗粒水平运动方向上阻力 F_4 的 Stocks 方程为：

$$F_4 = \frac{3\pi\mu d_{\rm p}v}{C} \tag{2-22}$$

代入式(2-21)进行化简,得出：

$$\frac{{\rm d}v}{{\rm d}t} = -\frac{3\pi\mu d_{\rm p}v}{Cm} = -\frac{v}{\dfrac{Cm}{3\pi\mu d_{\rm p}}} \tag{2-23}$$

令 $\dfrac{Cm}{3\pi\mu d_{\rm p}} = C\tau$,考虑到粉尘颗粒近似为球形,根据球体积计算公式推出 $\tau = \dfrac{d_{\rm p}^2\rho_{\rm p}}{18\mu}$,则 $\dfrac{{\rm d}v}{{\rm d}t} = -\dfrac{v}{C\tau}$,对 $\dfrac{{\rm d}v}{v} = -\dfrac{{\rm d}t}{C\tau}$ 进行积分得：

$$v = v_0 {\rm e}^{-\frac{t}{C\tau}} \tag{2-24}$$

粉尘在惯性作用力下 t 时间内运动的距离为：

$$S_t = \int_0^t v{\rm d}t = \int_0^t v_0 {\rm e}^{-\frac{t}{C\tau}}{\rm d}t = C\tau v_0(1 - {\rm e}^{-\frac{t}{C\tau}}) \tag{2-25}$$

当时间 t 趋于无穷时,稳定状态下粉尘颗粒的惯性运动距离 S_r 可表述为：

$$S_R = C\tau v_0 \tag{2-26}$$

式中：C——滑动修正系数,即 Conninghum 修正系数。

当粉尘颗粒粒径很小时,颗粒的大小越接近空气分子的平均自由行程,粉尘越可能与周围空气发生"滑动"效应,空气对粉尘的阻力锐减,导致粉尘的实际运动速度大于计算值,对此,应当对粉尘颗粒进行滑动系数修正。修正后的粉尘颗粒运动速度为：

$$v' = Cv \tag{2-27}$$

$$C = 1 + \frac{2\theta}{d_{\rm p}}(1.257 + 0.4{\rm e}^{-1.1\frac{d_{\rm p}}{2\theta}}) \tag{2-28}$$

式中：θ——空气分子的平均自由行程,通常取 0.065 μm。

以序岭隧道Ⅲ级岩层非瓦斯设防区段台阶法施工条件下掌子面爆破的三种规格炮眼为例,对爆破后不同粒径粉尘的初速度进行分析研究。根据《序岭隧道工程实施性施工组织设计》,序岭施工隧道所在区域地质结构主要为石灰岩与白云质石灰岩,石灰岩密度为 2300~3000 kg/m³,取均值 2650 kg/m³。作业采用三种规格乳化炸药卷,直径 40 mm 掏槽眼药卷,直径 32 mm 掘进眼药卷,周边眼采用 25 mm 小直径药卷以减轻爆破时对围岩的扰动。为了计算方便,取三种药卷的均值32.3 mm (1.272 in)作为计算参数,采用药卷直径近似代表炮孔直径。根据瑞典爆轰研究基金会(The Swedish Detonic Research Foundation,SveDeFo)给出的爆破作业破碎岩石初始速度 v_0 的计算公式[138]：

$$v_0 = \frac{26\,000 \times D}{d_p \times \rho_p} \tag{2-29}$$

式中：v_0 —— 碎石岩尘初始速度，m/s；

$\quad D$ —— 炮孔直径，in；

$\quad d_p$ —— 碎石岩尘直径/粒径，m；

$\quad \rho_p$ —— 碎石岩尘密度，kg/m³。

根据式(2-26)与式(2-29)计算不同粒径粉尘颗粒在掌子面爆破后惯性条件下的水平运动距离，如表 2-7 所示。

表 2-7　不同粒径粉尘颗粒在惯性条件下的水平运动距离

粉尘粒径/μm	2	5	10	20	50	75	100
运动距离/m	8.12	8.75	9.81	11.24	12.38	14.14	16.24

2.4.4　浓度梯度作用下粉尘扩散受力

风流运动状态下粉尘随流运动散开的现象称为粉尘的弥散，而扩散通常是指粉尘在其浓度梯度上由高浓度位置向低浓度位置运动的传递现象，包括分子扩散和紊动扩散。分子扩散由分子运动产生，紊动扩散则是由粉尘紊动向各方向传递形成的扩散。研究[139]表明，大气中紊动扩散的速度高于分子扩散 5~6 个量级，故在对粉尘扩散运动进行研究时只针对其紊动扩散展开分析。

小粒径粉尘由于与运动的空气分子碰撞发生布朗运动，单位空间内粉尘个数随时间发生变化，变化方式为由高浓度位置向低浓度位置扩散，浓度值逐渐趋于均一化，类似于气体的扩散，用微分方程表述为[140]：

$$\frac{\partial Q}{\partial t} = D_p \left(\frac{\partial^2 Q}{\partial x^2} + \frac{\partial^2 Q}{\partial y^2} + \frac{\partial^2 Q}{\partial z^2} \right) \tag{2-30}$$

式中：$\quad Q$ —— 粉尘颗粒的个数浓度，个/m³；

$\quad t$ —— 时间，s；

$\quad D_p$ —— 粉尘颗粒的扩散系数，m²/s。

粉尘颗粒的扩散系数 D_p 表示扩散运动的强弱，代表颗粒在气体中扩散的难易程度，取决于气体的种类和粉尘颗粒的粒径。D_p 与温度成正比，与粉尘粒径成反比。由前文可知，当颗粒粒径较大时，滑动修正系数 C 可以忽略，对此，粉尘颗粒的扩散系数 D_p 可通过以下两种方式进行求解[140]：

(1)当粉尘粒径大于空气分子的平均自由行程，即 $d_p \geqslant \theta = 0.065$ μm 时，可用 Einsten 公式进行计算。

$$D_p = \frac{Ckt}{3\pi\mu d_p} \tag{2-31}$$

式中：D_p —— 粉尘颗粒的扩散系数，m^3/s；

    k —— 玻尔兹曼常数，1.38×10^{-23} J/K；

    t —— 气体温度，K；

    C —— 滑动修正系数，即 Conninghum 修正系数。

（2）当粉尘粒径大于气体分子直径但小于其平均自由行程时，可用 Langmiur 公式计算：

$$D_p = \frac{4kT}{3\pi d_p^2}\sqrt{\frac{8RT}{\pi M}} \qquad (2-32)$$

式中：R —— 气体常数，J/mol·K；

    M —— 经验系数，一般取 1.2；

    T —— 气体常数摩尔质量，kg/mol。

由于 Langmiur 公式对于粉尘颗粒粒径的要求极小，同时，空气中包含的各种气体分子的大小均不相同，研究中对其分类十分困难，故对粉尘颗粒的扩散系数 D_p 采用 Einsten 公式进行计算。根据 Einsten 公式，由布朗运动导致的粉尘扩散在时间 t 内的均方根位移为：

$$\bar{x} = \sqrt{2D_p t} \qquad (2-33)$$

当气温为 20 ℃时，根据式（2-32）、式（2-33）可绘制粉尘颗粒在不同时刻的水平扩散距离与粒径大小之间的关系，如图 2-1（a）所示，根据式（2-14），结合粉尘沉降时间可绘制粉尘颗粒在不同时刻的垂直沉降距离与粒径大小之间的关系，如图 2-1（b）所示。

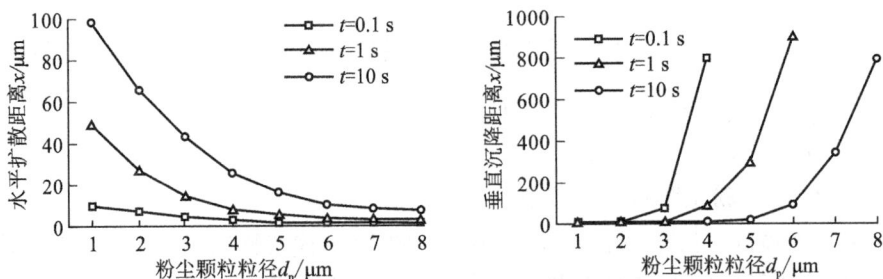

（a）粉尘水平扩散距离与粒径之间的关系　（b）粉尘垂直沉降距离与粒径之间的关系
图 2-1　粉尘水平扩散距离、垂直沉降距离与粒径之间的关系

由图 2-1 可以看出，粉尘颗粒在浓度梯度作用下粒径与水平扩散距离成反比，与垂直沉降距离成正比。取粉尘粒径 $d_p = 0.07$ μm，即 $d_p \geqslant \theta = 0.065$ μm 时，其在 10 s 内水平扩散距离仅为 98.75 μm，说明粉尘颗粒在浓度梯度作用下的水平扩散范围有限。

2.4.5　气流作用下粉尘运动受力

相对于粉尘颗粒在气流作用下的运动,重力、惯性力条件下的运动是短暂的,其对粉尘颗粒整体运动状态的影响较小。

理想状态下粉尘颗粒在气流作用下应与气流同步运动,即颗粒所受到的力和与颗粒直径相同的球形气流所受到的力相同,则理想状态下粉尘颗粒随流运动方程为:

$$F = \frac{\mathrm{d}}{\mathrm{d}t}\left(\frac{\pi}{6}d_{\mathrm{p}}^3 \rho_{\mathrm{a}} u_{\mathrm{a}}\right) \tag{2-34}$$

式中:u_a——气流流速, m/s;

t——时间,s。

实际情况中,粉尘随流运动时会受到多种力的干扰,如阻力、摩擦力等,导致颗粒不可能与气流的运动完全保持一致。基于此,随流运动的粉尘应当由理想状态中受到的力扣除颗粒相对于流体运动的那部分力 F_r,得出粉尘颗粒随流运动的方程[137]:

$$\frac{\mathrm{d}}{\mathrm{d}t}\left(\frac{\pi}{6}d_{\mathrm{p}}^3 \rho_{\mathrm{a}} v_{\mathrm{p}}\right) = \frac{\mathrm{d}}{\mathrm{d}t}\left(\frac{\pi}{6}d_{\mathrm{p}}^3 \rho_{\mathrm{a}} u_{\mathrm{a}}\right) - F_r \tag{2-35}$$

式中:v_p——粉尘颗粒运动速度, m/s;

F_r——粉尘颗粒随流运动时受到的相对于流体运动的阻力、摩擦力等的合力,N。

对式(2-35)进行解算,得出粉尘颗粒运动速度与气流流速之间的关系:

$$\frac{v_{\mathrm{p}}}{u_{\mathrm{a}}} = \frac{\left(a + c\sqrt{\dfrac{\omega\pi}{2}}\right)^2 + \left(b\omega + c\sqrt{\dfrac{\omega\pi}{2}}\right)^2}{\left(a + c\sqrt{\dfrac{\omega\pi}{2}}\right)^2 + \left(\omega + c\sqrt{\dfrac{\omega\pi}{2}}\right)^2} \tag{2-36}$$

式中:ω——湍流脉动频率,kHz。

$$a = \frac{36\mu}{(2\rho_{\mathrm{p}} + \rho_{\mathrm{a}})d_{\mathrm{p}}^2}, b = \frac{3\rho_{\mathrm{a}}}{2\rho_{\mathrm{p}} + \rho_{\mathrm{a}}}, c = \frac{18}{(2\rho_{\mathrm{p}} + \rho_{\mathrm{a}})}\sqrt{\frac{\rho_{\mathrm{a}}\mu}{\pi}}。$$

施工隧道通风条件下粉尘的随流运动相对于粉尘的沉降和惯性运动是连续不间断的,因此气流运动状态是影响颗粒分布的决定性因素。

由以上分析结果可以看出:气流运动状态是影响粉尘颗粒分布的决定性因素。对此,研究通风条件下粉尘在隧道内的扩散运动及演化特征,必须对气流运动特点及不同时间段内粉尘浓度值的变化情况进行现场检测。

2.5 实验隧道概况

作者同相关专家对某客运专线铁路 SSLT-1 标段多处施工隧道进行了空气质量检测。压入式通风方式中具有代表意义的有序岭隧道,该隧道为单洞双线铁路隧道,全长 1 640 m,隧道设计断面为拱形,最大开挖宽度 12.9 m,最大开挖高度 9.7 m,净高 7.9 m。

2.5.1 水文地质条件简介

隧道进出口 500 m 外均有乡村便道。地处剥蚀低山岩溶峰丛地貌,地形起伏较大,丘包与槽谷相间分布,海拔高程 1030~1280 m,高差达 200~250 m。大多数植被不发育,部分山体灌木较茂密,局部山坡陡峻;谷地内多果林、旱地。施工区属亚热带湿润季风气候区,干湿季节分明。气候温和,雨量充沛,冬无严寒,夏无酷暑。历年平均气温 15.9 ℃,平均霜冻期 8.6 d。隧区处于苗岭腹部的高强度降雨中心区,5 月—8 月为雨季,其降雨量占全年的 60%,12 月至次年 3 月为旱季,降雨量占全年的 11%,最长连续降雨日为 15 d,年均蒸发量 1288.2 mm。

序岭隧道起止里程为 DK75+080~DK76+720,全长为 1 640 m,其中各路段地质条件如下。DK75+080~DK75+560:基岩为浅灰至深灰色中厚层至厚层状灰岩,夹白云质灰岩,节理较发育。DK75+560~DK75+620:基岩为泥质灰岩夹泥灰岩、灰岩,薄至中厚层状,岩质较软,遇水易软化,岩层倾角较缓,易发生坍顶、掉块现象。DK75+620~DK75+700:基岩为石英砂岩、砂岩夹页岩、炭质页岩及煤线,岩石软硬相间,岩体破碎,岩层倾角较平缓,易发生坍塌、掉块现象。DK75+700~DK75+940:基岩为浅灰、灰白色中厚层至厚层状灰岩、白云岩,岩质坚硬,节理不发育,岩层倾角较平缓。DK75+940~DK76+390:灰岩、白云质灰岩、白云岩,中厚层至厚层状,岩质坚硬。受高坡逆断层、龙井冲逆断层、陡沟逆断层及蕨箕坡背斜、坡向斜影响,岩体破碎,岩溶强烈发育,围岩稳定性差。DK76+390~DK76+540:石英砂岩、砂岩夹页岩、炭质页岩及煤线,偶夹泥灰岩,岩石软硬相间,节理裂隙发育。受陡沟逆断层、蕨箕坡平移断层、打锡山背斜影响,岩体极破碎,围岩稳定性极差,极易发生坍塌现象;据钻探揭示,岩芯呈砾砂状。DK76+540~DK76+720:灰岩、白云岩偶夹页岩,中厚层至厚层夹薄层状。受线路右侧蕨箕坡平移断层、左侧打锡山背斜影响,岩层扭曲较严重,节理发育,岩体破碎。

2.5.2 隧道基本工程概况

隧道洞身地质以灰岩、白云岩、白云质灰岩为主,中厚层至厚层状,岩质坚硬。隧道进口基岩出露以灰岩为主,岩质坚硬、完整,仰坡存在顺层,施工开挖易发生顺层滑动,出口基岩以灰岩、白云岩为主,受断层、背斜构造影响严重,岩体较破碎,隧道围岩分级如表 2-8 所示。

表 2-8　隧道围岩分级

工程名称	围岩级别	长度/m	占全隧比例
序岭隧道 （1640 m）	Ⅱ、Ⅲ级围岩	277	16.9%
	Ⅳ级围岩	978	59.6%
	Ⅴ级围岩	360	22.0%
	斜切及斜切延伸	25	1.5%

隧道内瓦斯区段分布情况如表 2-9 所示。

表 2-9　隧道内瓦斯区段分布

桩号段	设防区类型
DK75+080～DK75+420　（340 m）	非瓦斯设防区
DK75+420～DK75+560　（140 m）	非瓦斯设防区
DK75+560～DK75+940　（380 m）	含低瓦斯工区
DK75+940～DK76+320　（340 m）	非瓦斯设防区
DK76+320～DK76+585　（265 m）	含高瓦斯工区
DK76+585～DK76+719　（134 m）	非瓦斯设防区

2.5.3　隧道施工与通风方案

（1）爆破方案。为了充分发挥围岩的自承能力，减轻对围岩的振动破坏，序岭隧道采用微振控制爆破技术，并根据围岩情况及时修正爆破参数，达到最佳爆破效果，形成整齐圆顺的开挖断面，减少超欠挖。Ⅲ级围岩根据现场情况采用台阶开挖或全断面爆破开挖，Ⅳ、Ⅴ级围岩采用台阶法开挖。

（2）开挖方案。本隧道共有Ⅴ级围岩 360 m，采用大拱脚台阶法施工，人工手持 YT-28 型风钻钻眼爆破施工，台阶长大于 14 m 时，上台阶每循环进尺 1 m，下台阶每循环进尺 2 m。本隧道Ⅳ级围岩段长 978 m，在确保安全的前提下采用台阶法开挖，人工手持 YT-28 型风钻钻眼爆破施工，光面爆破，台阶控制在 14 m 以内，每循环进尺 2 m。本隧道Ⅱ、Ⅲ级围岩 277 m，占隧道总长 16.9%，在确保安全的前提下采用台阶法开挖或在岩层较完整时采用全断面开挖，人工手持 YT-28 型风钻钻眼爆破施工，每循环进尺控制在 2～3 m。

（3）出碴方案。本隧道采用无轨运输出碴，洞内开挖爆破后采用 ZL-50C 型正装侧卸装载机装碴，15 t 双桥自卸汽车运碴至弃碴场。

（4）通风方案。施工通风的目的就是将炮烟、施工过程中产生的粉尘与有害气体以及施工运输车辆排放的废气排至洞外,同时为施工人员输送新鲜空气,保证隧道内人员设备的需风量。随隧道掘进长度的增加、设备的增多,隧道内有害粉尘气体量的增大,供风量也要进行相应的调整。

序岭隧道采用压入式通风,洞口设置两台2×135 kW双速对旋轴流风机SDZ-12.5型轴流通风机,配置直径$\phi=1800$ mm抗静电、燃烧、柔性通风管道。风机布设于距洞口20 m处,设置双回路电源。SDZ-12.5型2×135 kW双速对旋轴流风机主要技术参数如表2-10所示。

表2-10 SDZ-12.5双速对旋轴流风机主要技术参数

型号	挡位	有效供风量/（m³/min）	风压/Pa	转速/（r/min）	额定功率/kW	电机功率/kW
SDZ-12.5	高速	2920	5355	1480	208	135×2
	低速	1970	2445	980	68	75×2

隧道施工通风分为两个方案,如图2-2所示。

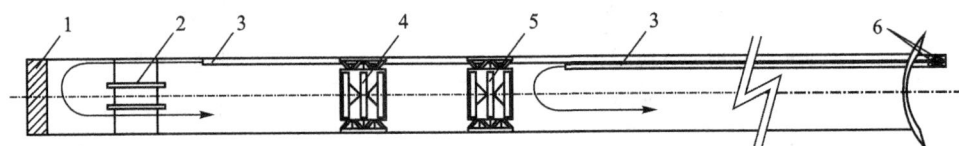

1—掌子面;2—仰拱栈桥;3—通风管道;4—Ⅰ号衬砌台车;5—Ⅱ号衬砌台车;6—2×135 kW双速轴流式通风机
图2-2 隧道施工通风方案示意图

方案一:(隧道开挖段处于无瓦斯段)采用单台2×135 kW双速对旋轴流式通风机配合单风管进行压入式通风。

方案二:(隧道开挖段处于瓦斯段)采用两台2×135 kW双速对旋轴流式通风机配合双风管进行两路压入式通风。

2.5.4 通风实验时段隧道工程概况

本次隧道通风实验空气质量检测时隧道开挖深度为1131 m,掌子面施工区域位于Ⅳ级围岩岩层较完整的非瓦斯设防区段,采用台阶法开挖。上部台阶掌子面位于DK76+211处,面积约56.5 m²,轮廓周长约30.7 m;下部台阶掌子面断面面积约48.7 m²,断面轮廓周长约32.3 m,台阶顶面距隧道拱顶中央约6 m,台阶长度8 m。仰拱距离上部台阶掌子面29 m,开挖长度8 m,填充采用搭设移动式栈桥进行施工。Ⅰ、Ⅱ号衬砌台车距离上台阶掌子面分别为85 m、120 m。施工通风采用方案一,风管紧贴隧道壁水平设置(攻角$\beta=0°$),出风口中心线高度2.5 m,距掌子面38 m,通风距离1113 m,由于隧道开挖长度相对较短,通风系统中未串入中继射流风机。通风实验时掌子面爆破施工概况如下:

（1）爆破器材。隧道掌子面爆破采用塑料导爆管、毫秒雷管起爆系统，毫秒雷管采用 15 段别毫秒雷管，引爆采用火雷管。炸药采用乳化炸药，选用 $\phi25$、$\phi32$、$\phi40$ 三种规格，其中 $\phi25$ 为周边眼使用的光爆药卷，$\phi40$ 为掏槽眼使用药卷，$\phi32$ 为掘进眼使用药卷。

（2）爆破参数。为减轻爆破对围岩的扰动，作业时根据现场实际地质条件及时修正爆破参数，及时反馈施工，以达到最佳爆破效果。围岩钻爆参数如表 2-11 所示。

表 2-11　序岭隧道Ⅳ级围岩钻爆参数

项目	周边眼间距 E/cm	边眼抵抗线 W/cm	相对距 L/cm	装药集中度/（kg/m）	堵塞长度/cm	装药结构（周边眼）	起爆方式
爆破参数	50	65	0.8	0.2	40	间隔装药	非电

（3）掌子面爆破岩尘剥离量。通风实验时隧道上部台阶掌子面爆破作业后测得掘进尺寸约为 2 m。通过上台阶掌子面轮廓面积与进尺深度计算得出岩尘理想剥离量约为 113 m³（忽略掌子面轮廓欠挖、岩层表面不工整等因素）。

爆破作业后产生大量炮烟、气体、岩碴和粉尘，其中岩碴和粉尘颗粒粒径大小受炮眼深度、炮眼分布以及用药量等因素的直接影响，由于其分散度高，定量地精确测量其颗粒分布情况十分困难。相关研究[141]表明：隧道掌子面爆破后，颗粒尺度在 45 μm 以上的岩尘占总剥离量的 95%～98%，自重作用下可在 75 s 内迅速沉降；颗粒尺度在 45 μm 以下的微小粉体在隧道空间内弥散。研究结论将岩尘粒径分布进行了归纳，如表 2-12 所示。

表 2-12　爆破 75 s 后隧道岩尘颗粒粒径、分散度情况

粒径/μm	<2	2～10	10～45	>45
分散度/%	70～75	20～27	2～4	0.5～1

2.6　检测指标与检测设备

2.6.1　通风实验检测指标

与尘肺病密切相关的粉尘参数主要指标为粉尘浓度，掌子面爆破后粉尘的运动状态为惯性力下的运动、浓度梯度上的扩散以及气流作用下的运移。考虑到检测仪器的限制，粉尘颗粒在惯性力下的运动很难采用仪器进行检测，只能通过相关理论进行计算。对此，通风实验中只针对气流运动状态及粉尘浓度的演化特点进行检测，主要检测指标包括：

（1）气流运动方向。气流运动方向在一定意义上决定粉尘颗粒的运移方向，尤其是对小粒径的粉尘颗粒，其运动方向会对粉尘的运移轨迹及停留时间造成决定性的影响。同时，对气流运动方向的检测可以判断通风条件下整个隧道流场内的气流走向及反向流、涡流的位置，为通风系统的改进提供依据。

（2）气流运动速度。气流运动速度决定粉尘的疏散时间，压入式通风条件下施工隧道内同一断面各位置上的气流运动速度不尽相同，例如隧道中部回风风速较高，顶部回风风速较低，会导致隧道顶部的粉尘颗粒疏散时间较中部要长。

（3）粉尘初始浓度。初始浓度值的测定可以为粉尘释放量的拟合计算提供数据支撑，同时也为相似模化实验提供原始参考，为数值模拟提供粉尘释放量的初始数据。

（4）非稳态条件下粉尘浓度值的演化。对掌子面爆破后不同时间段内各检测点上的粉尘浓度值进行检测和对比计算后，可得出单位周期内粉尘浓度的下降率及通风系统的除尘率。

（5）其他指标。粉尘的运动状态会受到温度、湿度的影响，因此应对施工隧道内各检测点上对应的温度、湿度进行同步检测。

2.6.2　检测设备及相关参数

一般情况下定义掌子面与衬砌台车之间的区域为施工作业区，若无台车则定义掌子面后方 150 m 范围的区域为施工作业区[142]。隧道掌子面爆破后空气质量检测主要针对隧道施工作业区内温度、湿度、气流流场特点及粉尘浓度场演化特点进行现场检测，为施工隧道内粉尘控制的研究提供基础数据支持。现场实测中主要采用的检测设备包括 1 台 P6-8232 风向网速仪、1 台 CCZ-1000 直读式激光粉尘仪、1 台 LD-3CP 激光粉尘仪和 1 台指针型温湿度仪。

现场各检测设备的主要技术参数如表 2-13 所示。

表 2-13　检测仪器技术参数

检测仪器	测量范围	灵敏度	精度	重复误差	测定时间	设备存储
P6-8232 风向网速仪	风速：0~30 m/s	—	±0.1 m/s	1%	1~6 h	自动记录
	风向：0°~359°		±22.5°	—		人工记录
CCZ-1000 直读式激光粉尘仪	0.1~1000 mg/m³	0.1 mg/m³	≤10%	2.5%	>10 h	自动记录
LD-3CP 激光粉尘仪	低：0.01~300 mg/m³ 高：0.001~10 mg/m³	低：0.01 mg/m³ 高：0.001 mg/m³	±10%	2%	手动设置	自动存储
AS8173 温湿度仪	温度：-10~50 ℃ 湿度：5%~98% RH	—	0.5 ℃ 1% RH	±1.5 ℃ ±3% RH	手动设置	自动存储

2.7　气流流场运动特征测定

钻孔、爆破、喷浆、装渣等作业均在施工作业区内完成。掌子面爆破后隧道内粉尘受到爆破作用力进行瞬时释放,在机械通风影响下进行疏散,空气流场的矢量运动状态(风速风向)直接影响到有害粉尘和气体的释放轨迹以及浓度场的演化,在研究隧道内粉尘的扩散特点时首先应对气流流场的变化特征进行分析。

2.7.1　流场检测方案

隧道施工过程实施持续性通风,爆破时间断通风以保护相关施工设备,爆破完成后系统采用高低挡位配合运行。由于隧道开挖已进入施工中后期,为了满足相关供风量的技术要求,施工过程中通风系统采用高速挡运行。为测得掌子面爆破后施工作业区内流场运动特点,流场检测实验时采用 P6-8232 风向风速仪对不同检测点上的风速、风向进行人工采集,目的在于测试通风系统条件下隧道内不同位置上气流运动矢量特征,以分析整个施工作业区流场内风流的变化情况,同时为 CFD 仿真提供数据支撑。

相对于污染物浓度场,气流流场的运动状态较为稳定,随通风时间延长几乎不发生变化,同时考虑到掌子面爆破后污染物浓度大、检测点位多,进行人工测量时会对测量人员呼吸系统造成一定影响,因此本次气流流场内风速风向检测时段处于隧道内污染物浓度达标阶段,通风系统开启至最高挡恒定运行一段时间,待气流流场稳定后进行相关数据采集。现场垂直高度位置上数据采集时将检测仪器固定于延长杆件上进行,对各检测点进行分时分段非连续性检测。现场检测前参照《电子测量仪器通用规范》(GB/T 6587—2012)[143]对 P6-8232 风速仪重新进行标定,并进行检测精度误差实验,确保误差在规定范围以内。检测高度以隧道施工走行面为基准面,以地面呼吸带高度[144]($h=1.5$ m)为标准进行布设。对测定风速值数据直接进行仪器存贮,对风向数据进行人工记录。P6-8232 风向风速仪支持平面内 16 个角度的检测,仪器刻度夹角为 22.5°,由于气流流场内风向受多因素影响,检测时很难得出精确稳定方向,只能捕捉到大概气流指向,因此在记录风向数据时去掉小数部分。

2.7.2　气流流场检测点布设方案

相关研究[145,146]及现场施工经验表明:新鲜空气从通风管高速排出后经由掌子面迂回,之后逐步衰减,风流在掌子面至衬砌台车之间的区域内速度变化范围相对较大。为分析气流流场的演化与衰减特点,气流流场现场检测时主要针对隧道施工作业区域。

理想状态下研究气流流场特点应在整个检测区域内满樘设置检测点,但实际工作中由于施工现场复杂、检测设备限制、环境影响等因素,很难达到理想检测条件,因此在现场设置检测点时需进行一定简化。为得出气流流场在隧道施工作业区沿程方向上的变化特点与不同高度垂直方向的变化特点,在距上下台阶掌子面1 m处分别设置检测断面a′和a,以a断面为基面每间隔约13 m设置一个检测断面,共5个检测断面(b~f),两架台车中部设置检测断面g,Ⅱ号台车洞口方向设置检测断面h,其中断面f~g与g~h间隔30 m,如图2-3所示。

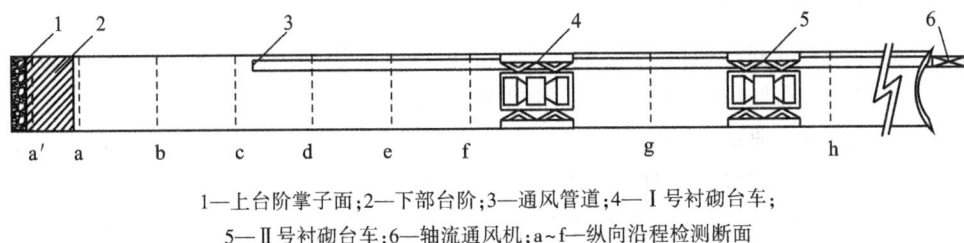

1—上台阶掌子面;2—下部台阶;3—通风管道;4—Ⅰ号衬砌台车;
5—Ⅱ号衬砌台车;6—轴流通风机;a~f—纵向沿程检测断面

图2-3 隧道气流流场纵向检测断面布设示意图

每个检测断面垂直高度范围内设置2层检测平面,检测平面分别以台阶顶面以及隧道施工走行面为计算基面,以呼吸带高度 $h=1.5$ m为布设高度,设置下层流场检测点(1~5),以及上层检测点(6~10)。检测点以隧道结构中心线为基准点,左右间隔2.5 m,共10个,具体参数设置如图2-4所示。以通风管道出风口圆心为基准点,顺风流释放方向25 m范围内每5 m设置一个风速衰减检测点。

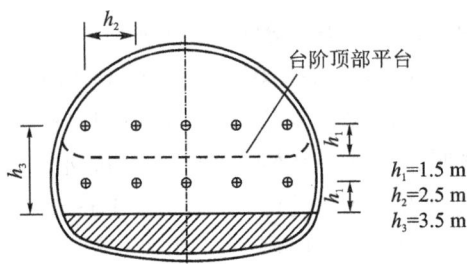

台阶顶部平台

$h_1=1.5$ m
$h_2=2.5$ m
$h_3=3.5$ m

图2-4 隧道气流流场检测断面内检测点布设示意图

2.7.3 风管出风风速衰减分析

现场测得风管出风口风速为13.4 m/s,距出风口5 m处风速为11.8 m/s,距出风口10 m处风速为8.9 m/s,距出风口15 m处风速为8.1 m/s,距出风口20 m处风速为6.3 m/s,距出风口25 m处风速为4.6 m/s。可以看出,风从出风口喷出后,风速随走行距离逐步衰减,风速衰减曲线为非平顺曲线,这是隧道壁面以及回流风流对压入气流有一定的干扰影响所致。

2.7.4　气流矢量特点检测结果及分析

由于检测设备的限制,通风实验仅针对隧道二维纵向沿程方向上的风速进行了检测,对于隧道内气流三维垂向运动特点未涉及。实验时通风系统开启至高速挡运行,待气流稳定后对序岭隧道内各检测点进行数据采集,结果如表2-14所示。

表2-14　隧道纵向沿程方向各检测点上实测风速值　　单位:m/s

检测断面	下层检测点					上层检测点				
	1	2	3	4	5	6	7	8	9	10
a'	—	—	—	—	—	2.0	1.8	2.3	2.1	1.6
a	4.3	2.9	3.5	2.3	3.3	3.3	3.2	2.5	2.7	3.0
b	6.0	2.0	1.5	0.6	2.2	4.1	1.3	1.3	0.8	1.8
c	6.7	1.1	0.5	0.4	0.7	4.9	1.3	0.7	0.2	0.4
d	1.2	0.7	0.5	0.4	0.3	1.1	0.6	0.3	0.3	0.3
e	0.4	0.8	0.6	0.5	0.3	0.4	0.4	0.1	0.3	0.1
f	0.4	0.7	0.7	0.6	0.4	0.2	0.3	0.2	0.3	0.2
g	0.2	0.6	0.8	0.6	0.4	0.2	0.2	0.1	0.2	0.3
h	0.2	0.8	0.9	0.7	0.6	0.1	0.2	0.1	0.2	0.2

由表2-14可以看出:

(1)气流流场下层检测点风速。各检测点在检测断面a~d上风速变化范围较大,说明掌子面附近风速值极不稳定,各方向乱流较多;检测断面e~h内各检测点上风速值变化范围缩小,说明距离掌子面越远风速越稳定,大部分乱流变为稳定回流。检测点1在检测断面c内风速出现极大值6.7 m/s,这是由于检测点1在检测断面c内处在风管的射流范围内所致。

(2)气流流场上层检测点风速。对比气流流场下层各检测点上风速特点,上层各风速检测点在检测断面a'~e上风速值变化范围较大,检测断面f~h内各检测点上风速值变化范围缩小,较气流流场下层风速普遍更低,表示隧道施工区域后方一定范围内的隧道内气流流场中,上层回流风速更为稳定,同时也体现了上层回流风速低于下层风速。

与风速检测相同,风向检测只针对隧道沿程方向二维纵向平面内的气流走向进行了检测,对于垂直方向气流走向未做检测。现场测量采用的普希科风向仪有16个测量指向,精度为±22.5°,标定掌子面方向为正向0°,衬砌台车方向为180°,

顺时针方向旋转为正向角,采集结果如表 2-15 所示。

表 2-15 施工作业区内各检测点上气流走向 单位:°

检测断面	下层检测点					上层检测点				
	1	2	3	4	5	6	7	8	9	10
a'	—	—	—	—	—	157.5	225	247.5	225	202.5
a	0	135	292.5	247.5	202.5	0	337.5	292.5	247.5	157.5
b	0	337.5	135	112.5	180	0	157.5	157.5	135	180
c	0	22.5	157.5	67.5	45	22.5	157.5	157.5	90	45
d	202.5	225	247.5	270	315	180	180	157.5	22.5	0
e	180	202.5	225	225	202.5	202.5	202.5	225	202.5	180
f	180	202.5	225	202.5	180	202.5	202.5	180	157.5	157.5
g	180	180	180	180	180	180	180	180	180	180
h	180	180	180	180	180	180	180	180	180	180

将各平面检测点上风向通过图示进行标识,如图 2-5 所示。

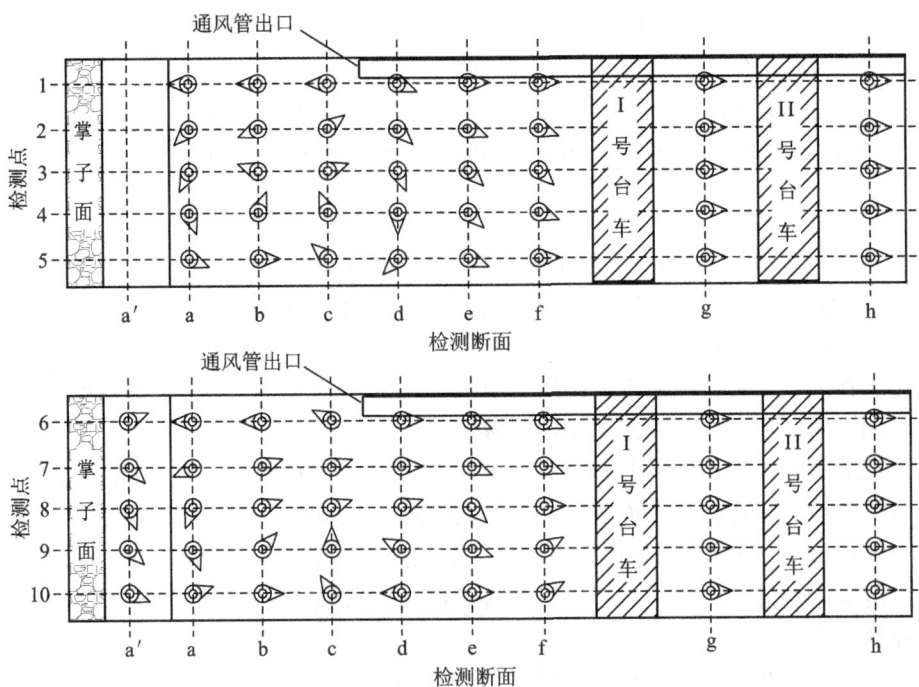

图 2-5 气流流场各检测点上风向

由风向采集结果可以看出,气流在各平面内以及平面间的运动方向具有较大差异,说明隧道施工作业区内不仅在水平方向上产生乱流,垂直方向上也存在较大的乱流。为了更清晰地描述施工作业区内气流走向,根据各检测点检测结果绘制高度 $h=1.5$ m 处检测平面(气流流场下层检测平面)及高度 $h=3.5$ m 处检测平面(气流流场上层检测平面)内气流走向示意图,如图2-6、图2-7所示。

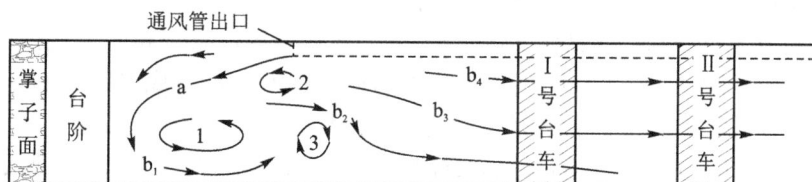

图2-6　高度 $h=1.5$ m 处检测平面(下层检测平面)内气流走向示意图

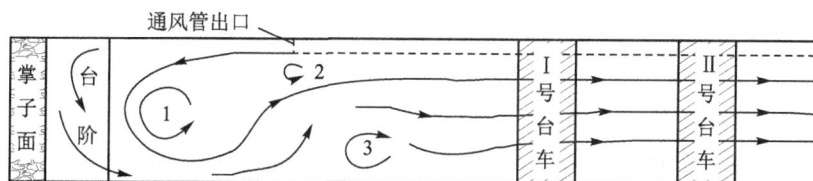

图2-7　高度 $h=3.5$ m 处检测平面(上层检测平面)内气流走向示意图

由图2-6可以看出,呼吸带高度 $h=1.5$ m 处检测平面(下层检测平面)内气流走向具有以下运动特点:

(1)气流由通风管喷射出来后进入隧道空间,由于失去管道限制,气流出现扩张,速度下降,扩张气流 a 受到下台阶掌子面和隧道壁面的限制后收缩演化为回向气流 b_1,回流与通风管喷出的扩张流相互之间产生干扰,在区域1内产生逆向涡流,区域1内涡流引导部分回向气流继续向掌子面方向流动。

(2)涡流边缘以及未进入涡流的气流,随回向气流向隧道口流动形成回向气流 b_2,由于风管喷口处的压入气流与回向气流 b_2 流动方向相反,在区域2处两向流互逆运动再次出现逆向涡流,迫使一部分气流随压入流共同向掌子面方向流动。

(3)回向流 b_1 流向隧道壁面,在其限制下出现回弹,向另一侧壁面运行,在区域3处受回向流 b_2 影响,导致区域3处出现顺向涡流。位于区域3边缘处的气流 b_2 在涡流引导下向隧道壁方向运行,受隧道壁面的限制后继续向隧道口方向流动。由于气流 b_2 距离掌子面和风管出风口较远,风速相对较低,因此其受隧道壁面限制后气流 b_2 未出现大幅度回弹。

(4)位于通风管出口后方的回向流 b_3、b_4 未受到逆向气流及涡流的干扰,其流向趋于稳定,流速随走行距离的延长趋于平缓。

对比下层检测平面内气流运动特点,结合图2-7可以得出上层检测平面内气

流运动特点:

压入气流由风管喷出后扩张不明显,这是风管出风口距上部台阶掌子面较远所致;上层检测平面内部分压入气流在到达上部台阶掌子面前已在下部台阶掌子面投影处出现迂回运动;与下层检测平面内气流相同,在通风管出口附近产生涡流;其余涡流的发生位置不尽相同;通风管后方后回流相对稳定,未出现涡流现象,距离掌子面越远,回向气流流向越趋于稳定。

综上所述,掌子面爆破后气流运动产生的各涡流区内有害粉尘和气体可能会发生回流倒灌现象,迫使其再次向掌子面方向运动,对疏散造成严重影响,导致净化时间的延长。同时由上下检测点上风向特点可判断出隧道垂直方向上会产生气流运动偏差,由此可以推断隧道纵向方向上回流并非顺沿程方向稳定运动,这种运动状态是通风管道出口的设置位置以及施工台阶所致。

2.8　粉尘浓度场演化特征测定

气流流场的变化规律直接影响到隧道内污染物的逸散迁移演化,为研究隧道内粉尘浓度场在不同时间段的演化特征,现场对实验隧道掌子面爆破后粉尘浓度值进行分段分时连续性检测。

2.8.1　粉尘浓度场检测方案

通风实验时序岭隧道已开挖 1131 m,约占设计总长的 70%,属于隧道开挖施工中后期,为满足相关供风量的技术要求,施工过程中通风系统采用高速挡运行。本次粉尘浓度检测时施工单位对序岭隧道上部台阶掌子面进行了爆破。

(1)施工区域浓度场内粉尘浓度检测方案

通过 CCZ-1000 直读式激光粉尘仪对掌子面后方 150 m 施工区域不同检测点上的粉尘浓度进行人工采集,目的在于测试通风系统条件下隧道内呼吸带高度上粉尘浓度演化特点。施工区域浓度场粉尘浓度具体检测方案实施步骤如图 2-8 所示。

现场粉尘浓度数据采集时分两阶段进行。

第一阶段,掌子面粉尘释放初始浓度测定。通风系统对粉尘浓度场具有直接影响,初始浓度采集选择在掌子面爆破后、机械通风介入前进行。现场采样时,测量人员根据掌子面无风条件下的持续时间,对每个采样周期时长、间隔时间以及采样总时间提前进行规划。对测量仪器进行设置时,应考虑掌子面无风条件下的持续时间,该时间的长短主要由空气在通风管道中的运行时间决定。风管/通风机出风口处的风量 $Q_出$:

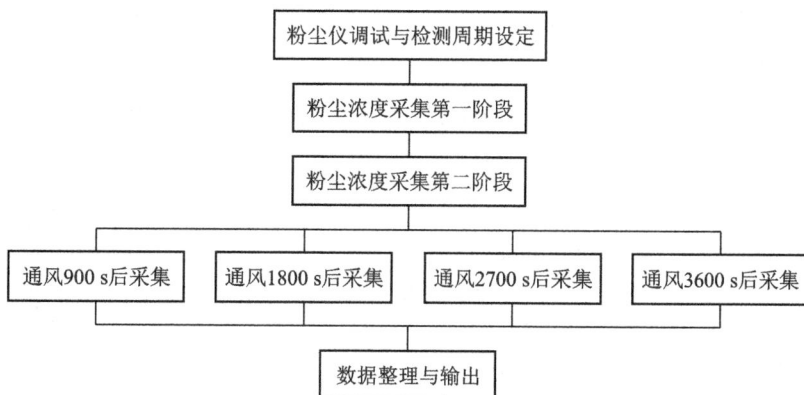

图 2-8　粉尘浓度检测方案实施步骤

$$Q_{出} = 60 \cdot \pi \cdot r^2 \cdot v_{出} \tag{2-37}$$

式中：$Q_{出}$ —— 出风口风量，m^3/min；

　　　$v_{出}$ —— 出风口风速，m/s；

　　　r —— 出风口半径，m。

风管百米漏风率 $k_{漏}$：

$$k_{漏} = \frac{(Q_{供} - Q_{出}) \cdot \gamma}{Q_{供} \cdot L} \times 100\% \tag{2-38}$$

式中：$Q_{供}$ —— 通风机供风量，m^3/min；

　　　γ —— 百米距离补偿系数，取值 100；

　　　L —— 通风距离，m。

参考式（2-37）、式（2-38），根据通风实验时序岭隧道的实际通风条件计算得出风管百米漏风率为 2.65%。通风机开启后新鲜空气由通风机至通风管出口的总运行时间 $t_{总}$ 为：

$$t_{总} = \sum t_{百米} \tag{2-39}$$

迭代计算出通风机开启后新鲜空气由通风机至通风管出风口的运行时间，如表 2-16 所示。

根据式（2-39）计算得出通风机开启后新鲜空气由通风机至通风管出风口的总运行时间约 77 s。对此，粉尘释放初始浓度测定时须在掌子面爆破后 77 s 内完成。

第二阶段，粉尘浓度场演化特征测定。粉尘释放初始浓度测定完毕后，以掌子面爆破时间为起始时间点，通风 15 min、30 min、45 min 和 60 min 后对各粉尘浓度检测点上浓度值进行检测。测量人员佩戴化工过滤面罩，利用 CCZ-1000 直读式激光粉尘仪配合三脚架对设定高度上的粉尘浓度进行采集,现场测量时乘坐施工车辆以压缩检测周期间隔。

表2-16　通风机开启后新鲜空气通风管内百米运行时间

通风管长度/ m	出风口风量/ (m³/min)	出风口风速/ (m/s)	运行时间/ s
0	2920.0	—	—
100	2842.0	18.62	5.37
200	2764.0	18.11	5.52
300	2686.0	17.60	5.68
400	2608.0	17.09	5.85
500	2530.0	16.58	6.03
600	2452.1	16.07	6.22
700	2374.1	15.56	6.43
800	2296.2	15.04	6.65
900	2218.2	14.54	6.88
1000	2140.3	14.03	7.13
1100	2062.3	13.51	7.40
1113	2019.1	13.38	7.47

(2)隧道纵向沿程方向粉尘浓度检测方案

与施工区域浓度场内粉尘浓度第二阶段检测方案相同,以掌子面爆破时间为起始时间点,通风15 min、30 min、45 min和60 min后通过LD-3CP激光粉尘仪对隧道纵向沿程方向不同检测点上的粉尘浓度进行人工采集,现场测量时乘坐运输车辆以压缩检测周期间隔。

2.8.2　检测点布设方案

(1) 粉尘初始浓度检测点设置

理想条件下掌子面释放粉尘初始浓度值采样时应在掌子面附近设置检测点,但是由于无风条件持续时间较短、爆破后氧气含量低、施工作业区内地形复杂、检测辅助车辆不易通行等特点,测量人员在短时间内实现测量仪器的布设十分困难,因此选择在仰拱栈桥后方布置检测点。由第2章研究结论可知:掌子面爆破后,惯性作用下粉尘水平扩散距离与其粒径成正比,粉尘颗粒在浓度梯度作用下颗粒粒径与垂直沉降距离成正比,与水平扩散距离成反比,且在水平范围内的扩散有限。无风条件下,高、低浓度粉尘在空间上的分布是浓度梯度条件下均匀递减的扩散。粉尘顺隧道沿程方向扩散过程中虽受到隧道壁面剪切力及自身重力等因素影响,但其浓度值相差甚小,可近似认定断面内某检测点上测定的粉尘浓度值即其平均扩散浓度。

综上,掌子面粉尘释放初始浓度测定时在隧道断面某一固定点进行分时检测。第一阶段粉尘释放初始浓度测定时,在仰拱后方隧道纵向中心线上距离爆破掌子面 38 m 处布设检测点 a,其垂直高度位于隧道施工走形面呼吸带高度 $h = 1.5$ m 上,如图 2-9 所示。

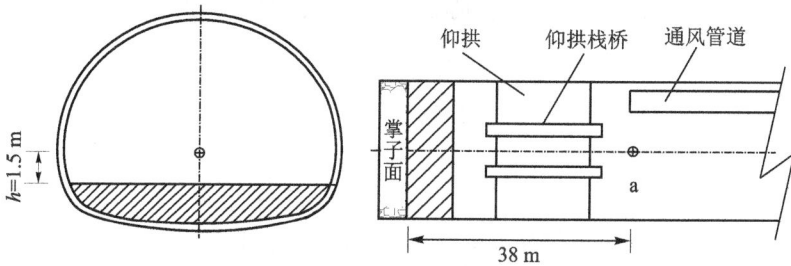

图 2-9　检测断面 Z_1、Z_2 上检测点布设示意图

（2）施工作业区粉尘浓度场检测点设置

研究浓度场演化特点应以整座隧道作为检测对象,但整座隧道涵盖范围广,操作中很难完成,粉尘在隧道内运动受流场的影响,施工区域一定范围内运动规律复杂,因此分析掌子面爆破后隧道内粉尘浓度场在通风设备下的演化特点与衰减时间,检测点的布设应基于以下 3 条原则:

① 施工作业区内粉尘浓度达到相关标准后施工人员才能进入作业,因此密集布设不同高度上粉尘浓度检测点意义不大;

② 随通风时间延长,施工作业区内高浓度粉尘的簇团聚集现象逐步减弱,粉尘浓度分布逐步趋于稳定,隧道横断面范围内的粉尘浓度变化甚微;

③ 与气流流场特点不同,浓度场内粉尘在不同时间段分布差异巨大,相对不稳定,受检测设备数量的限制,检测点数越多单点耗时越长,采集结果精度越低。

综上所述,结合作业区内中低层区域风流不稳定的特性,以及施工人员的活动范围大部分位于低层区域的呼吸带内的特点,进行第二阶段粉尘浓度检测时,在作业区中低层区域内布设相关检测点。检测点设置位置如图 2-10~图 2-12 所示。

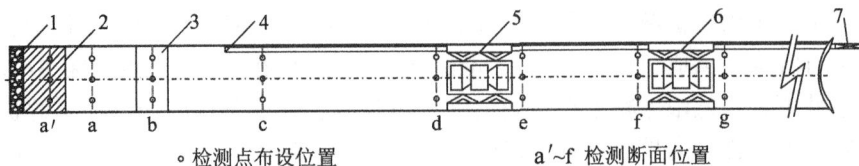

◦ 检测点布设位置　　　　a'~f 检测断面位置

1—上部台阶掌子面;2—下部台阶掌子面;3—仰拱;4—通风管;5—Ⅰ号台车;6—Ⅱ号台车;7—轴流通风机

图 2-10　隧道施工区域内粉尘浓度场沿程检测断面布设示意图

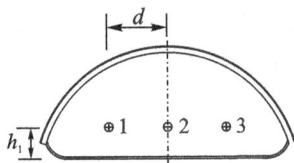

图 2-11　检测断面 a′内检测点布设示意图

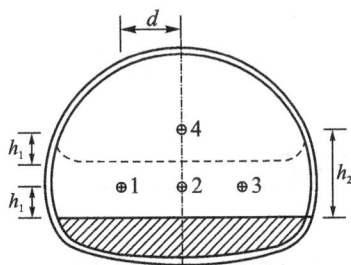

图 2-12　检测断面 a~h 内检测点布设示意图

　　检测断面 a′内,以台阶顶部施工走行面为计算基面,呼吸带高度 $h_1 = 1.5$ m 上布设三个检测点(检测点 1、2、3),其中检测点 2 位于隧道结构中心线,检测点 1、3 距离检测点 2d = 3 m。检测断面 a~h 内,以隧道走行面为计算基面,呼吸带高度 $h_1 = 1.5$ m 上布设三个检测点(检测点 1、2、3),检测点间距同断面 a′内各检测点。检测断面垂直高度上建立检测点 4,以测得隧道内垂直高度上的粉尘浓度,其位置与检测断面 a′内检测点 2 在隧道沿程方向上的投影位置重合,距离隧道走行面高度 $h_2 = 3.5$ m。隧道沿程检测断面设置位置参数如表 2-17 所示。

表 2-17　隧道沿程各粉尘浓度检测断面设置位置参数

检测断面	检测断面位置	检测断面	检测断面位置
a′	距上台阶掌子面 5 m	d	距Ⅰ号台车掌子面方向 2 m
a	距下台阶掌子面 5 m	e	距Ⅰ号台车隧道口方向 2 m
b	距上台阶掌子面 32 m,位于仰拱处	f	距Ⅱ号台车掌子面方向 2 m
c	距上台阶掌子面 50 m,位于下台阶掌子面与Ⅰ号台车中部	g	距Ⅱ号台车隧道口方向 2 m

（3）隧道纵向沿程粉尘浓度检测点设置

根据隧道内距离掌子面越远风流越稳定的风流场运动特点可以推断出：施工作业区以外的隧道内粉尘浓度分布逐步趋于稳定，隧道横断面范围内的粉尘浓度变化较小。因此，隧道纵向沿程粉尘浓度检测点布设时，以上部台阶掌子面为起点，每隔 150 m 在隧道纵向沿程方向结构中心上设置一个沿程粉尘浓度检测点，设置高度为呼吸带高度 $h = 1.5$ m。隧道内共设 8 个检测点，编号 1～8，其中 1 号检测点与浓度场检测点 a2（a 表示检测断面，2 表示该断面上对应的检测点，下文同）重合，检测时数据共享。

（4）温度、湿度检测点设置

粉尘浓度进行采集时，在各采集断面隧道结构中心线位置设置温度、湿度数据检测点，高度为呼吸带高度，$h = 1.5$ m，与浓度值同步采集。

2.8.3　粉尘初始浓度检测结果

本次通风实验中序岭隧道上台阶掌子面爆破时间为 2011 年 5 月 14 日 14：21：47，掌子面爆破后粉尘初始浓度检测时对 3 个检测点上温度和湿度进行了同步采集，温度均为 27.5 ℃，湿度均为 92%。粉尘初始浓度采集结果如表 2-18 所示。

表 2-18　掌子面爆破后粉尘初始浓度检测点 a 采集结果统计

	第一次采集	间隔时间/s	第二次采集	间隔时间/s	第三次采集
采样开始时间	14：22：07 爆破后 20 s	14	14：22：29 爆破后 42 s	11	14：22：51 爆破后 64 s
采样截止时间	14：22：15		14：22：40		14：22：59
浓度值/(mg/m³)	281.3		277.6		275.2
采样耗时/s	8		11		8
总耗时/s	52				

由表 2-18 可以看出，三次采集粉尘浓度值之间未出现明显的差异。由于检测点上浓度值为掌子面爆破 20 s 后在通风设备未开启条件下采集完成的，与实际初始浓度值之间存在一定的近似误差，因此该初始浓度值只能近似代表掌子面爆破后释放浮尘的实际初始浓度值。

2.8.4　产尘量拟合计算

参考《序岭隧道工程实施性施工组织设计》：通风实验时开挖区域位于岩层较完整的 Ⅳ 级围岩非瓦斯设防区段，采用微振控制爆破台阶法开挖，循环爆破进尺约 2 m，爆破掌子面断面轮廓线围绕面积约为 56.5 m²，每进尺剥离释放尘粒、渣粒和岩块约为 113 m³。爆破作业后实际产尘量(特指浮尘产尘量,下文同)与施工特点、爆破参数、围岩类型、每进尺剥离释放量、尘粒密度以及爆破后尘粒岩块的体积相关。现场直接检测实际产尘量非常困难,只能通过相关数学模型法获取近似产尘量。目前关于施工隧道粉尘浓度场的一些研究文献中[147-150]所采用的掌子面爆破作业初始产尘量均为预估量,相关作者也未能提及数据量的预估依据,这将导致研究结果与实际情况产生较大偏差。因此,正确计算施工隧道掌子面爆破作业初始产尘量对粉尘浓度场演化特点的研究至关重要。

爆破作业产尘量数学模型法的逻辑为:掌子面爆破后、机械通风介入前,在粉尘初始浓度测点上对不同时间 T_i 条件下的粉尘浓度 c_i 进行实测,利用 c_i 拟合出掌子面爆破作业瞬时产尘量,通过拟合函数使解算值逼近实际值,以此表述掌子面实际产尘量。无风条件下,当施工隧道内某断面两侧粉尘存在浓度差时,在界面允许粉尘自由通过的条件下,高浓度侧与低浓度侧的粉尘在空间上的分布是均匀递减的[151]。由此,掌子面爆破后施工作业区粉尘分布具有过渡特性,根据扩散理论可以得出一维条件下扩散规律[152]:

$$\frac{\partial c_s}{\partial t} = D_{sa} \frac{\partial^2 c_s}{\partial p^2} \tag{2-40}$$

式中: c_s —— 粉尘时均浓度;

　　　D_{sa} —— 粉尘与空气双元系统分子扩散系数;

　　　t —— 扩散时间;

　　　p —— 检测点与释放源间距离。

定义在 $p=0$ 处和 $t=0$ 时,检测点所在的隧道横断面面积为 A,整个断面瞬时产生的粉尘量为 M_s,则粉尘浓度值初始条件由下式表示:

$$\overline{c}(p,0) = \frac{M_s}{d_s \cdot A} \cdot W(p) \tag{2-41}$$

式中: M_s —— 掌子面爆破后的产尘量;

　　　d_s —— 检测点上实测粉尘浓度;

　　$W(p)$ —— 朗伯 W 函数 $\int_{-\infty}^{+\infty} W(p)\mathrm{d}p = 1$。

根据质量守恒定律,在任何时刻掌子面释放的粉尘的总质量都守恒,故得:

$$\int_{-\infty}^{+\infty} \overline{c}_s(p,t)\mathrm{d}p = \int_{-\infty}^{+\infty} \overline{c}_s(p,0)\mathrm{d}p = \frac{M_s}{d_s \cdot A} \tag{2-42}$$

当粉尘释放时间趋于 ∞ 时,粉尘浓度值趋于 0,得出边界条件:

$$c_s = (t, +\infty) = 0 \tag{2-43}$$

根据式(2-41)初始条件与式(2-42)边界条件求解式(2-40),得出在时刻 t 隧

道沿程位置 p 上的粉尘浓度表达式：

$$\overline{c}_s(p,t) = \frac{M_s}{4 \cdot A\sqrt{\pi \cdot D_{sa} \cdot t}} e^{\frac{p^2}{4D_{sa} \cdot t}} (0 \leqslant p \leqslant +\infty, t>0) \tag{2-44}$$

无风条件下，粉尘在浓度梯度作用下沿隧道沿程方向扩散过程中虽受自身重力等因素影响，但其扩散为分子扩散，浓度值相差较小，因此可以近似认定断面测定的粉尘浓度值即其平均扩散浓度。

设掌子面后方某一点 p 处不同时间点 t_i 测量的实际粉尘浓度为 $c(p,t_0), c(p, t_1), c(p,t_2), \cdots, c(p,t_n)$，由式（2-44）可知，在时间 t 时，掌子面爆破后分布在隧道内的粉尘浓度为 $c(p,t)$。对于 p 处，粉尘理论浓度值为：

$$\begin{cases} c(p,1+t_0) = \dfrac{M_s}{4 \cdot A\sqrt{\pi \cdot D_{sa} \cdot t(1+t_0)}} e^{\frac{p^2}{4D_{sa} \cdot t(1+t_0)}} \\[3mm] c(p,2+t_0) = \dfrac{M_s}{4 \cdot A\sqrt{\pi \cdot D_{sa} \cdot t(2+t_0)}} e^{\frac{p^2}{4D_{sa} \cdot t(2+t_0)}} \\[2mm] \cdots \\[2mm] c(p,n+t_0) = \dfrac{M_s}{4 \cdot A\sqrt{\pi \cdot D_{sa} \cdot t(n+t_0)}} e^{\frac{p^2}{4D_{sa} \cdot t(n+t_0)}} \end{cases} \tag{2-45}$$

式中：t_0 为掌子面后方 p 处测定粉尘浓度的时间点，若粉尘理论浓度值式（2-45）逼近实际测定值，则得出的理论粉尘分子扩散系数 D_{sa} 就能更精确地反映实际粉尘分子的扩散情况。

由于掌子面爆破后隧道内粉尘浓度近似认定为平均扩散浓度，因此可以令粉尘实际测定时间为 $t_0, t_1, t_2, \cdots, t_n$，对应的实测粉尘浓度值为 $y_0, y_1, y_2, \cdots, y_n$，理论浓度值为 y，当 y_n 与 y 之差保持最小时，即可满足理论浓度值逼近实际测定值的要求，表述为 $d_0 = (y_0-y)^2, d_1 = (y_1-y)^2, d_2 = (y_2-y)^2, \cdots, d_n = (y_n-y)^2$，其中 $\Delta d = d_0 + d_1 + d_2 + \cdots + d_n \rightarrow \min\Delta d$。令：

$$\begin{cases} \dfrac{p^2}{4D_{sa}} = U \\[3mm] \ln M_s - \ln\left(4A\sqrt{\pi \cdot D_{sa}}\right) = L \end{cases} \tag{2-46}$$

对粉尘扩散分子系数 D_{sa} 和产尘量 M_s 进行求导，得出：

$$\frac{\partial \Delta d}{\partial U} = 2U \sum_{i=0}^{n} \frac{1}{t_i^2} + 2 \sum_{i=0}^{n} \frac{y_i}{t_i} + \sum_{i=0}^{n} \frac{\ln t_i}{t_i} - 2L \sum_{i=0}^{n} \frac{1}{t_i} \tag{2-47}$$

$$\frac{\partial \Delta d}{\partial L} = 2nL - 2 \sum_{i=0}^{n} y_i - 2U \sum_{i=0}^{n} \frac{1}{t_i} - \sum_{i=0}^{n} \ln t_i \tag{2-48}$$

令式（2-47）、式（2-48）等于零，求得：

$$\begin{cases} U = \dfrac{-2\sum\limits_{i=0}^{n}\dfrac{y_i}{t_i} - \dfrac{1}{2}\sum\limits_{i=0}^{n}\dfrac{\ln t_i}{t_i} - \dfrac{1}{n}\sum\limits_{i=0}^{n}\dfrac{1}{t_i}\cdot\sum\limits_{i=0}^{n}t_i - \dfrac{2}{n}\sum\limits_{i=0}^{n}\dfrac{1}{t_i}\cdot\sum\limits_{i=0}^{n}\ln t_i}{2\sum\limits_{i=0}^{n}\dfrac{1}{t_i^2} - \dfrac{1}{2n}\sum\limits_{i=0}^{n}\dfrac{1}{t_i}} \\[2em] L = \dfrac{2\sum\limits_{i=0}^{n}\dfrac{y_i}{t_i} + \sum\limits_{i=0}^{n}\dfrac{\ln t_i}{t_i} + 2U\sum\limits_{i=0}^{n}\dfrac{1}{t_i^2}}{4\sum\limits_{i=0}^{n}\dfrac{1}{t_i}\cdot\sum\limits_{i=0}^{n}\dfrac{y_i}{t_i}} \end{cases} \tag{2-49}$$

将式(2-49)代入式(2-46)即可求得掌子面爆破后粉尘分子扩散系数 D_{sa} 及产尘量 M_s。由实测数据可知,序岭隧道上部台阶掌子面爆破后粉尘初始浓度检测点 a 所在断面面积约为 85.48 m^2,在爆破后 20 s、42 s 和 64 s 测得的粉尘浓度值分别为 281.3 mg/m³、277.6 mg/m³ 和 275.2 mg/m³,由式(2-49)得出 $U=5730.16$,$L=9.61$。浓度梯度可以用单位距离内浓度的变化值来描述,扩散系数表示为浓度梯度在单位时间内固体或气体相对分子质量通过的面积。将 U、L 取值代入式(2-46)得出隧道上台阶掌子面爆破后粉尘扩散系数为 0.063 m^2/s,产尘量为 2 288 254.825 mg≈2.288 kg。

隧道粉尘初始产尘浓度值通过粉尘仪采集,其微观特征与粉尘仪的精度和分辨率相关,与隧道断面形式及不同地质岩性无直接关系;而扩散规律则会受到隧道断面的开挖形式影响,如台阶开挖和全断面开挖时,初始粉尘的扩散轨迹不尽相同。但是在无风条件下(机械通风未介入时),不同隧道断面形式及不同地质岩性爆破后粉尘的扩散均为分子扩散,同一断面上的粉尘浓度差相对较小,通过初始粉尘浓度采集结果结合拟合计算可得出爆破产尘量,工程实际应用中可以增大采集密度,使拟合结果更加精确,逼近实际值。

2.8.5 施工作业区粉尘浓度检测结果及分析

隧道掌子面爆破完毕、压入式通风系统介入后,不同时间周期(通风后 15 min、30 min、45 min、60 min)施工作业区域内各检测点上粉尘浓度实测值及不同检测断面上温度、湿度值如表 2-19 所示。

压入式通风条件下,掌子面通风 15 min 后粉尘浓度峰值为检测点 1a′处,浓度值为 221.3 mg/m³,谷值出现在检测点 4f 处,对应粉尘浓度值为 37.6 mg/m³;通风 30 min 后粉尘浓度峰值出现在检测点 3e 处,浓度值为 145.6 mg/m³,谷值出现在检测点 4c 处,浓度值为 17.7 mg/m³;通风 45 min 后粉尘浓度峰值在检测点 1g 处,浓度值为 86.5 mg/m³,谷值出现在检测点 3a′处,浓度值为 28.9 mg/m³;通风 60 min 后粉尘浓度峰值在检测点 g3 处,浓度值为 38.7 mg/m³,谷值出现在检测点 3a′处,浓度值为 5.2 mg/m³。不同周期内各检测断面内温度在 25～27 ℃浮动,湿度在

91%~93%浮动,可见整个实验时间段中序岭隧道施工作业区内温湿度范围稳定,未随通风时间产生较大变化。

表 2-19　隧道掌子面爆破后不同周期内各检测点上粉尘浓度实测值及

不同检测断面上温度、湿度　　　　　单位:mg/m³

通风时间			检测断面							
			a′	a	b	c	d	e	f	g
15 min	检测点	1	221.3	120.1	112.1	65.1	171.2	215.4	69.9	131.5
		2	132.4	128.9	68.7	95.9	204.1	213.9	132.2	128.7
		3	184.1	83.1	52.5	71.1	179.4	153.3	120.1	78.9
		4	—	125.8	121.8	94.1	119.8	110.1	37.6	113.2
	温度/℃		27	27	27	26	26	26	25	26
	湿度/%		93	93	92	92	93	92	92	92
30 min	检测点	1	138.4	78.5	47.6	55.4	75.3	87.9	118.3	95.5
		2	127.8	71.5	49.6	38.4	66.6	114.8	125.8	106.6
		3	114.3	94.5	88.4	74.3	75.5	145.6	108.8	102.1
		4	—	66.5	35.4	17.7	54.2	66.3	112.5	138.8
	温度/℃		26	27	26	27	26	26	27	26
	湿度/%		93	93	93	93	92	92	92	92
45 min	检测点	1	35.6	43.8	45.8	32.6	46.1	67.2	72.9	86.5
		2	41.2	49.9	42.6	47.8	52.3	58.1	53.1	50.1
		3	28.9	48.4	46.9	51.9	68.5	66.6	63.1	69.8
		4	—	34.6	47.2	51.8	77.6	71.3	48.3	66.3
	温度/℃		27	26	26	26	25	26	27	25
	湿度/%		93	93	92	93	92	91	91	92
60 min	检测点	1	12.5	12.1	13.2	24.5	22.4	19.5	30.2	31.3
		2	5.4	5.5	7.9	22.3	35.2	41.8	45.3	32.3
		3	5.2	5.8	6.5	7.9	26.4	25.3	34.5	38.7
		4	—	5.4	7.8	12.1	17.5	19.9	25.6	36.3
	温度/℃		25	26	26	25	27	26	26	26
	湿度/%		92	93	93	92	92	92	91	91

由统计数据可知,掌子面通风 15 min 后施工作业区域内各检测点上粉尘浓度值波动幅度最大。随通风时间的延长,检测点上粉尘浓度值变化幅度逐步缩小,同时,粉尘浓度峰谷值的位置也发生变化。为了更好地描述序岭隧道掌子面爆破后不同时间周期条件下施工作业区域内粉尘浓度的演化特点,对各断面检测点上的粉尘浓度取均值后进行统计,如图 2-13 所示。

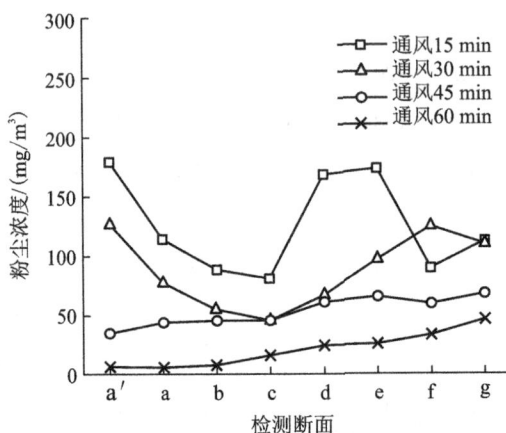

图 2-13　不同时间周期内各检测断面粉尘浓度均值

（1）通风 15 min 后粉尘浓度均值极值点出现在检测断面 a′及 e 两处,其中检测断面 a′、d 及 e 处粉尘浓度均值较高,与其余检测断面处粉尘浓度均值相差较大,说明掌子面处、Ⅰ号衬砌台车两侧粉尘出现聚集;通风 30 min 后粉尘浓度均值极值点出现在检测断面 a′及 f 两处,各检测断面内粉尘浓度均值较通风 15 min 后整体降低,断面 a′、f 处粉尘浓度均值相对较高,说明掌子面后方高浓度粉尘聚集点随通风时间的延长出现了位移,由检测断面 d、e 位移至断面 f 处;通风 45 min 后各检测断面内粉尘浓度均值较通风 30 min 后整体降低,断面 a′处粉尘浓度均值出现大幅下降,粉尘均值极值点仅出现在检测断面 e 一处,说明通风 45 min 后掌子面处粉尘净化效果明显提升;通风 60 min 后各检测断面内粉尘浓度均值再次整体降低,粉尘均值极值点仅出现在检测断面 g 一处。

（2）通风 15 min、30 min、45 min 及 60 min 后掌子面后方粉尘浓度均值极值点分布规律为:检测断面 a′→ 检测断面 f→ 检测断面 e→ 检测断面 g。说明通风条件下粉尘的分布具有不稳定性,该特性主要与压入式通风条件下排尘的活塞特性相关,同时还与通风管道的布设位置导致施工作业区内风流杂乱及衬砌台车对粉尘疏散的阻碍相关。

将通风 30 min、45 min 及 60 min 后与通风 15 min 后各检测断面上粉尘浓度均值进行对比,得出通风周期各检测断面相对平均降尘率,如图 2-14 所示。对比通风 15 min、通风 30 min 后检测断面 d 处降尘率最高(相对降尘率为 59.73%),断面 f 处相对降尘率出现负值,这是粉尘浓度均值极点分布出现位移所致;通风 45 min 后检测断面 a′处降尘效率大幅提高(相对降尘率为 80.35%);通风 60 min 后检测断面 a′、a、b、d、e 处相对降尘率分别为 95.70%、93.71%、90.93%、85.95% 及 85.62%,检测断面 c、f、g 处相对降尘率分别为 79.52%、62.31% 及 58.33%,说明通风 60 min 后上下台阶掌子面、仰拱及 I 号衬砌台车两侧的相对降尘率较高,均在 85% 以上,其他断面处降尘效率相对较低,尤其是 II 号衬砌台车两侧相对降尘率均未超过 65%。

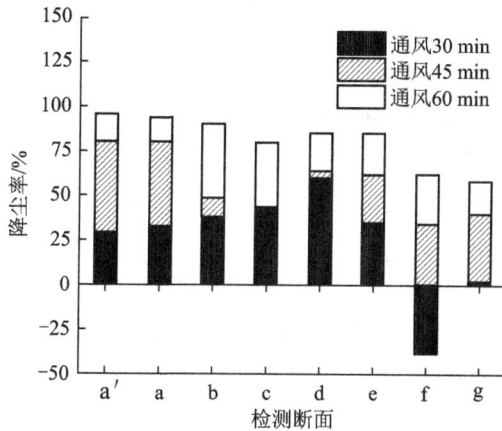

图 2-14　对比通风 15 min 各周期检测断面相对平均降尘率

通过以上分析可以判断:第一,压入式通风条件下序岭隧道内通风至少需要超过 45 min 后掌子面附近区域粉尘才能得到净化;第二,通风 60 min 后 II 号衬砌台车两侧降尘效率依然不高。《铁路隧道工程施工安全技术规程》(TB 10304—2020)及《客运专线铁路隧道工程施工技术指南》(TZ 214—2005)规定:每立方米空气中含有 10% 以上的游离二氧化硅的粉尘不得大于 2 mg;每立方米空气中含有 10% 以下的游离二氧化硅的矿物性粉尘不得大于 4 mg。由此可见,序岭隧道掌子面爆破后压入式通风条件下即使通风 60 min,隧道施工作业区内粉尘浓度值依然严重超标。

2.8.6　隧道沿程粉尘浓度检测结果及分析

隧道爆破完毕、通风系统介入后,不同时间周期(通风后 15 min、30 min、45 min、60 min)隧道内沿程方向各检测点上粉尘浓度实测值如图 2-15 所示,粉尘浓度均值如图 2-16 所示。

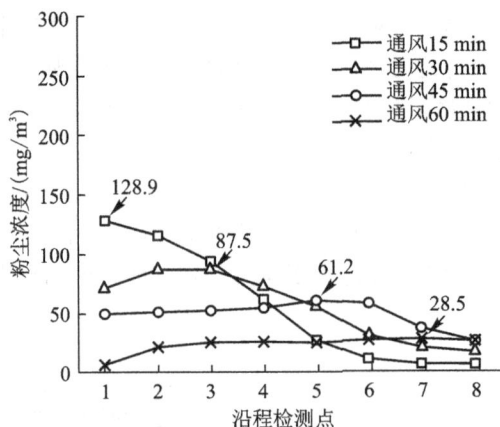

图 2-15　不同时间周期内隧道沿程粉尘浓度

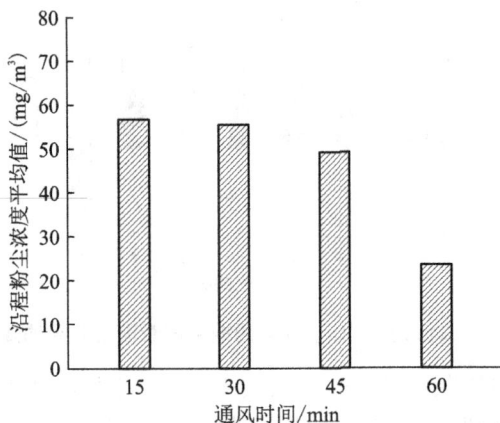

图 2-16　不同时间周期内隧道沿程粉尘浓度平均值

由图 2-15 可知,通风 15 min 后粉尘浓度峰值为 128.9 mg/m³,位于检测点 1 处(距离爆破掌子面 13 m);通风 30 min 后粉尘浓度峰值为 87.5 mg/m³,位于检测点 3 处(距离爆破掌子面约 313 m);通风 45 min 后粉尘浓度峰值为 61.2 mg/m³,位于检测点 5 处(距离爆破掌子面约 613 m);通风 60 min 后粉尘浓度曲线波动范围最小,其浓度峰值为 28.5 mg/m³,位于检测点 7 处(距离爆破掌子面约 913 m),各检测点粉尘浓度平均值为 23.38 mg/m³。以上数据说明,粉尘在通过隧道传递扩散过程中,其浓度峰值不断发生位移,位移方向由掌子面至隧道口,粉尘整体浓度分布随通风时间趋于均化。随着通风时间的延长,越靠近掌子面粉尘浓度值的下降速率越快,隧道沿程方向上粉尘浓度曲线逐步趋于平稳。

压入式通风的作业特点导致掌子面爆破后的粉尘须经隧道进行排放,使整个隧道内空气环境恶化。由图 2-16 数据可知,通风 60 min 后隧道沿程方向上粉尘平均浓度为 23.38 mg/m³。

2.9　本章小结

本章对施工隧道钻爆法施工条件下粉尘的扩散运移理论进行了分析,同时对序岭隧道压入式通风方式条件下隧道施工作业区内气流流场及掌子面爆破后不同时间段内粉尘浓度场的演化进行了现场实测结果统计与分析,主要包括以下内容:

(1) 分析了钻爆法施工条件下隧道中的粉尘来源,对钻孔、爆破、喷浆及出渣作业产尘机理进行了探讨。

(2) 描述了粉尘颗粒分散度、形状和粒径等微观特点,对各粉尘粒径的特性及粒径 $d<10\ \mu m$ 的浮尘分散度进行了统计。

(3) 给出了空气流动力学模型需要的 4 种假定条件,根据空气流动的守恒定律研究了气相连续性方程、动量守恒方程和能量守恒方程三大基本控制方程。

(4) 对粉尘扩散过程中运动状态进行了重力作用下的沉降受力分析、惯性力作用下的移动受力分析、浓度梯度下的扩散受力分析以及气流作用下的运动受力分析。分析研究表明,掌子面爆破后惯性力作用下粉尘水平运动距离与其粒径成正比;粉尘颗粒在浓度梯度作用下颗粒粒径与垂直沉降距离成正比,与水平扩散距离成反比,且在水平范围内的扩散有限;气流运动状态是影响颗粒分布的决定性因素。

(5) 介绍了序岭隧道的概况、施工通风方案及通风检测实验时隧道的工程概况。

(6) 通风条件下对隧道施工作业区内风向、风速进行了现场检测,结果表明:掌子面附近各方向乱流较多,距离掌子面越远风速越稳定,隧道施工区域后方一定范围内的隧道内气流流场上层回流风速更为稳定,回流风速低于下层风速。隧道垂直方向上会产生气流运动偏差,纵向沿程方向上回流为非稳定运动。

(7) 通风条件下对隧道施工作业区内粉尘初始浓度值、施工作业区粉尘浓度值及沿程粉尘浓度值进行了周期性检测,通过数学模型拟合的方法对掌子面产尘量进行了求解,得出序岭隧道上台阶掌子面爆破后粉尘扩散系数为 0.063 m^2/s,产尘量为 2 288 254.825 mg $\approx$ 2.288 kg。通风 15 min、30 min、45 min 及 60 min 后掌子面后方粉尘浓度极值点分布规律为:检测断面 a′→检测断面 f→检测断面 e→检测断面 g,说明通风条件下粉尘的分布具有不稳定性,排尘具有活塞特性。通风 60 min 后上下台阶掌子面、仰拱及 I 号衬砌台车两侧的相对降尘率较高,均在 85% 以上,其他断面处降尘效率相对较低,尤其是 II 号衬砌台车两侧相对降尘率均未超过 65%,隧道沿程方向上粉尘平均浓度为 23.38 mg/m^3。

第3章

风幕射流基本运动特性

风幕技术在国内外不同行业已得到广泛的应用和发展,集中应用在冷库、厂房及商场内的冷热流隔离。工业领域的研究则集中在煤矿硐室的通风净化系统中,目前硐室风幕除尘的理论方面的研究较多,现场应用相对较少,施工隧道粉尘隔离净化方面的研究和应用更少。施工隧道内空气流动与厂房、硐室等有较大区别,风幕现有理论不能直接用于隧道风幕的研究。故本章将根据平面紊动射流、通风动力学等相关理论对射流运动基本参数之间的关系和正、斜向冲击流的分区参数及其流量分配进行分析研究。

3.1 研究意义

风幕通风技术中射流断面长宽比较大,某种意义上可以将其近似视作平面射流,属于受限射流的一种极限形态,条缝射流条件下流体雷诺数相对较高,归于紊流的范畴,故本章通过平面紊动射流理论对风幕射流进行分析。通过平面紊动射流运动特性的分析,可以得出射流运动过程中各参数之间的关系、射流断面速度分布及流量衰减的动态特点,根据相关模型可以求解出不同射流攻角条件下隧道底板处的射流分配运动参数及正向冲击流与斜向冲击流的流量分配,以此为第4章相似模化实验中斜向射流流量分配提供计算依据。

3.2 风幕通风技术原理

施工隧道内喷浆、钻孔、爆破等作业中,爆破作业产尘量最大;传统通风系统注重除尘,忽略了集尘。通风过程中只有良好地抑制尘源、防止粉尘扩散才能提高除尘效率,保证集尘与除尘的统一,净化整个施工作业环境。针对目前传统除尘技术在施工隧道掘进施工应用中的不足,结合国内外专家学者对当前相关技术的优化研究,本书提出了风幕通风技术以提升施工隧道掌子面爆破后隧道内的隔尘、除尘效果。

　　风幕是指通过压力差迫使空气流以一定速度从条状矩形缝口吹出,形成具有一定阻隔效应的空气幕,当矩形出风口长短边之比大于 10:1 时,该空气流称为条缝射流[153]。风幕通风技术就是利用条缝射流的原理将隧道内的粉尘隔离后通过除尘设备进行集尘净化,如图 3-1 所示,既有压入式通风方式条件下在掌子面后方一定距离内布设风幕射流腔体和风幕通风机于桁架之上,使其可以随隧道掘进距离同步推进,施工过程中不需将设备卸落。风幕射流喷口与隧道断面之间设置一定的夹角,风幕通风机开启后在射流腔体导流影响下形成向隧道底板方向运行的斜向射流。该射流将隧道流场分为污染区(风幕射流与掌子面之间的区域)和清洁区(风幕射流与隧道口之间的区域),掌子面爆破后风幕阻断粉尘向清洁区扩散并将其封闭于污染区,斜向射流迫使污染区内的粉尘处于循环运动状态。之后通过吸尘管道将含尘风流反吸至滤筒除尘设备内进行脱尘净化,净化后的洁净风流可经由风幕通风机再次进入风幕射流腔形成风幕射流,分离出的粉尘进行收集后运移至隧道外处理。污染区内粉尘浓度达到相关标准后关闭风幕通风机,开启既有压入通风系统对掌子面进行通风除尘和供氧,施工人员和设备进入作业区进行相关作业。传统通风方式条件下新鲜空气从隧道外运行至掌子面需要很长的时间,造成掌子面后方的施工环境长时间得不到改善,污染物随隧道内空气自然弥散,甚至反向流动。风幕式通风条件下积尘、除尘过程只在掌子面与风幕之间的污染区内进行,粉尘通过除尘净化设备后,其浓度可在短时间内大幅度降低,施工环境大为改善,进而缩减除尘时间,压缩工作步之间不必要的等待时间,随工期的增加,节约的时间相当可观。

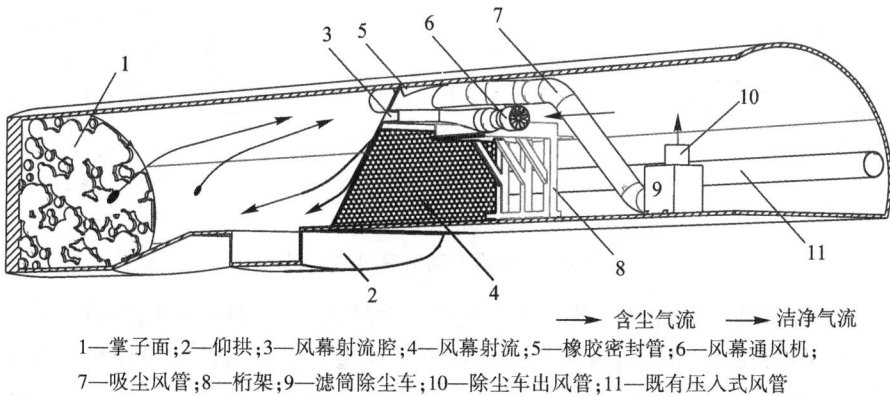

1—掌子面;2—仰拱;3—风幕射流腔;4—风幕射流;5—橡胶密封管;6—风幕通风机;
7—吸尘风管;8—桁架;9—滤筒除尘车;10—除尘车出风管;11—既有压入式风管

图 3-1　风幕式通风结构示意图

　　施工隧道内风幕射流属于有限空间受限射流,涉及射流和耦合的问题,射流包括平面射流、受限贴附射流和冲击射流,耦合关系包括射-回流耦合、平面射流-横向射流耦合。由于条缝射流断面的长宽比较大,某种意义上可以将其近似视作平面射流,属于受限射流的一种极限形态,条缝射流条件下流体雷诺数相对较高,归于紊流的范畴,故可通过平面紊动射流理论对风幕射流进行分析。

3.3 平面紊动射流特性

3.3.1 条缝射流运动过程及构成分区

气流由窄(条)缝释放后在空间内形成平面射流,其运动过程为:射流边界部分与周围空气接触后形成不规则的间断面,受扰间断面逐渐脱离射流主体后速度下降,稳定性被破坏,在速度差的影响下逐渐形成旋涡;旋涡对周边稳定气流造成混合卷吸效应,迫使其进入射流,该状况在运动过程中不断移动、变形、分裂,最终在射流内部主体和周边形成自由紊动混合层。由于动量的传递,被卷吸混合至射流主体内的外部气流随射流继续向前运动,而射流周边脱离射流主体的气流失去动量后速度降低,射流主体区和周边区之间出现剪切力,从而形成一定的速度梯度。在动能和阻力的条件下,射流随喷射距离的延长,其断面不断扩大,流速逐步降低[154-155]。平面紊动射流在形成剪切层后,射流边界涡旋区域流速下降,其雷诺数发生变化,致使旋涡的发展在紊流与层流状态无规则交替转换,对此,可将射流边界视作紊动涡流体与周边流体交错构成的不规则面。平面紊动射流运动过程如图 3-2 所示[154]。

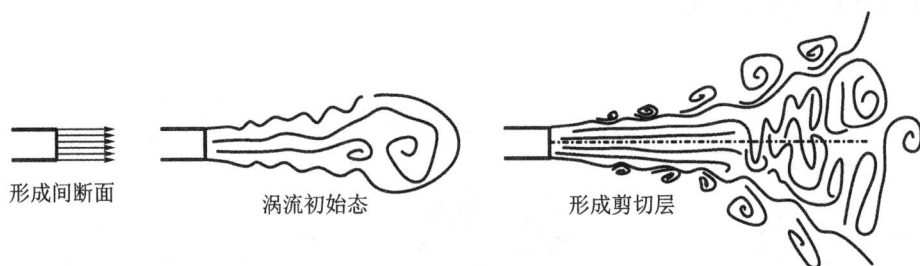

图 3-2 平面紊动射流运动过程

射流从喷口释放出后与周围静止气体发生黏滞摩擦效应,出现高速连续不稳定的脉动间断,影响射流边缘空气流动速度。周边气流在射流卷吸作用下随射流喷射距离逐渐向射流中心运行,不同来向的周边流到达射流中心后相互影响形成混斥紊流,自由紊动射流流动特征如图 3-3 所示[154]。

射流运动变化可分为混合区和核心区,由喷口向外扩展的射流影响区称为混合区,射流中心未受影响且保持射流初速度的区域称为势流核心区,即图 3-3 中 *AOD* 围成的区域。按照射流运动的不同状态可分为初始段、过渡段及主体段三个区段,初始段为射流喷口至势流核心区末端之间的区域,主体段为由混斥紊流形成开始至其充分发展后所形成的区域,过渡段为初始段与主体段之间的区段,由于其长度很短,研究射流运动状态时可以忽略。

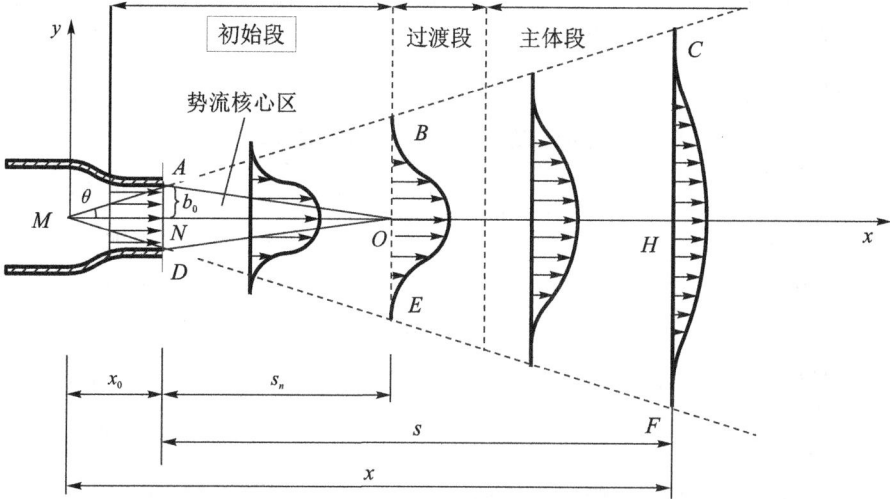

图 3-3　射流运动特征示意图

3.3.2　射流参数关系

对于窄长缝隙喷口或小孔径喷口释放的射流,当出口雷诺数 $Re>30$ 时可认定射流为紊动状态,可以按照二维平面问题进行分析[156-157]。射流出口的临界雷诺数 Re 定义如下:

$$Re = \frac{v_0 d}{\mu} \qquad (3-1)$$

式中:v_0——射流初始速度,m/s;

　　d——射流喷口特征长度,m;

　　μ——空气动力黏度系数,常温下取 $14.8 \times 10^{-6} \text{m}^2/\text{s}$。

隧道风幕射流喷口长边尺寸远大于短边,喷口射流初速度相对较高,空气动力黏度系数取值很小,根据式(3-1)推出射流出口的临界雷诺数 Re 远大于30。因此,风幕射流可以按照二维平面的紊动射流进行分析。平面紊动射流在初始段内由于流速较高,其边界部分(图3-3中线段 AB、DE)可近似视作直线;线段 AB、DE 的延长线在喷口交于 M 点,称为极点;$\angle AMD$ 的一半称为射流扩散半角,也称极角 θ。BO 为射流初始段边界层的半宽,MO 为从极点起算至初始段末端的距离,则

$$\tan \theta = \frac{BO}{MO} = K = 2.44a \qquad (3-2)$$

式中：K——经验系数，对于平面射流，$K=2.44a$；

a——紊流扩散系数。

紊流扩散系数 a 与射流喷口断面处的紊流强度相关，表征稳定气体中射流扩散的速率。紊流扩散系数 a 取值越大，射流边界与周围稳定空气的混合能力越强，同时射流沿程射速下降，射程减小。不同形状射流喷口处紊流扩散系数 a 值如表 3-1 所示[158]。

表 3-1　不同形状射流喷口处紊流扩散系数 a 值

喷口类型/形状	射流喷口扩散角 2θ	紊流扩散系数 a
收缩口喷嘴	25°20′	0.066
圆柱形喷口	29°00′	0.076
平面喷口	29°30′	0.108
导风板通风机喷口	44°30′	0.120
金属网格通风机喷口	78°40′	0.240

由表 3-1 可看出，射流喷口扩散角 2θ 越大，紊流扩散系数 a 取值越大，两者呈正比关系。由式（3-1）可知，在紊流扩散系数 a 确定后，紊动射流边界线之间的夹角，即射流喷口扩散角 2θ 可得赋值。为了便于计算和书写，令射流边界层之间距离的半宽 $CH=b$，喷口半宽为 b_0，因 $\triangle MAN \backsim \triangle MCH$ 则：

$$\frac{b}{b_0}=\frac{x_0+s}{x_0}=1+2.44a\frac{s}{b_0}=2.44\left(\frac{as}{b_0}+0.41\right) \tag{3-3}$$

式（3-3）表达了射流喷口半宽 b_0、紊流扩散系数 a 与紊动射流长度 s 之间的关系，可通过该式求射流射程。

3.3.3　射流断面流速分布特征

为得出射流速度在不同位置上的分布规律，学者特留彼尔对对称轴射流不同截面上的速度值进行了测定。如图 3-4 所示，对射流主体段进行实验时，在射流内任意截面内取 3 个点：i、r、m。其中点 m 位于射流轴心上，流速为 v_m；点 r 与射流轴心之间的垂直距离为 y，流速为 v；点 i 到射流轴心的距离用流速等于 $0.5v_m$ 的射流与轴心的距离，表示为 $y_{0.5v_m}$。实验结果[159]如图 3-5 所示，从图 3-5（a）中可以看出，在射流初始段内势流核心区处的流速最高，核心区至射流边界段流速逐渐降低，射流轴向上距离喷口越远，流速越低，射流边界段的范围越大，射流轴心速度随之降低。若采用相对速度和相对距离代替图 3-5（a）中纵、横坐标轴，则可以将实验结果整理为图 3-5（b）。

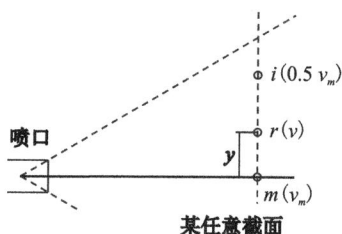

图 3-4　各参数取值示意图

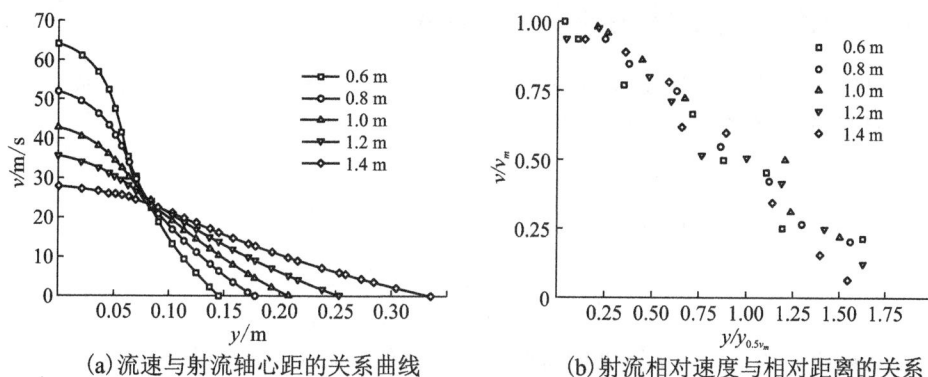

(a)流速与射流轴心距的关系曲线　　(b)射流相对速度与相对距离的关系

图 3-5　平面紊动射流主体段流速分布

由图 3-5(b)中可以看出,不同流速与射流轴心距的关系曲线经转换后均变为无因次的相对量,说明射流不同截面上速度分布具有相似性,故射流主体段内点 r 所处横断面上速度分布特征用半经验公式表示为:

$$\frac{v}{v_m} = \left[1 - \left(\frac{y}{b}\right)1.5\right]^2 \tag{3-4}$$

式中:　v —— 点 r 上的速度,m/s;

　　　　v_m —— 点 r 所处截面上轴心流速(即最大流速),m/s;

　　　　y —— 点 r 与轴心间的垂直距离,m;

　　　　b —— 点 r 所处截面上射流半宽,m。

除射流主体段外,其起始段的无因次速度分布与对应的无因次距离分布也具有相同属性,当式(3-4)用于计算射流起始段某横断面上速度分布特征时,y 的取值为点 r 至核心区边界的距离;b 的取值为点 r 所处截面上边界层的厚度。

3.3.4　射流运动基本关系式

根据动量守恒定律,射流内任意截面上的动量相等,即单位时间内射流各截面沿射流轴向方向的动量保持不变,等于射流在喷口处的动量,称为射流的动力学特征,是研

究射流运动的基本理论。在平面射流中各断面上的动量均服从动量守恒定律,则

$$M = \int_m v\mathrm{d}m = 2\rho v_0{}^2 b_0 \tag{3-5}$$

式中:M —— 射流喷口处动量通量,常数;

$\quad \rho$ —— 射流气体密度,kg/m^3;

$\quad v_0$ —— 射流初始速度,m/s;

$\quad b_0$ —— 射流喷口断面半宽,m。

3.3.5 射流主体段轴线速度与流量衰减规律

根据动量守恒定律,射流边界层之间距离半宽 b 内的动量等于射流喷口断面半宽内的动量,根据式(3-5)可推出:

$$\int_0^b \rho v^2 \mathrm{d}y = \rho v_0{}^2 b_0 \tag{3-6}$$

式(3-6)两端同时除以 $\rho b v_m{}^2$ 得:

$$\int_0^b \left(\frac{v}{v_m}\right)^2 \mathrm{d}\left(\frac{y}{b}\right) = \left(\frac{v_0}{v_m}\right)^2 \left(\frac{b_0}{b}\right) \tag{3-7}$$

将射流主体段内点 r 所处横断面上速度分布特征式(3-4)代入式(3-7)得:

$$\int_0^b \left[1 - \left(\frac{y}{b}\right) \times 1.5\right]^4 \mathrm{d}\left(\frac{y}{b}\right) = \left(\frac{v_0}{v_m}\right)^2 \left(\frac{b_0}{b}\right) \tag{3-8}$$

将射流初始段量边界层之间距离的半宽 b 与喷口半宽 b_0 之间的关系式(3-3)代入式(3-8)后,求得:

$$\frac{v_m}{v_0} = \frac{1.2}{\sqrt{\dfrac{as}{b_0} + 0.41}} \tag{3-9}$$

式(3-9)为射流主体段流速与射流喷口处射流初始速度之间的关系表达式,通过该式可以求出射流主体段轴线速度的衰减规律。式(3-9)中,若令 $v_m = v_0$,可求出 $s = 1.03\, b_0/a$,此时 $s = s_n$=射流初始段长度。

射流中任一断面上半宽流量 Q 可用下式表示:

$$Q = \int_0^b v\mathrm{d}y \tag{3-10}$$

射流喷口半宽处流量 Q_0 为:

$$Q_0 = b_0 v_0 \tag{3-11}$$

故射流主体段流量与射流喷口处流量的关系可表述为:

$$\frac{Q}{Q_0} = \frac{\int_0^b v\mathrm{d}y}{b_0 v_0} = \int_0^{b/b} \left(\frac{v}{v_0}\right)\left(\frac{b}{b_0}\right)\mathrm{d}\left(\frac{y}{b}\right) = \int_0^b \left(\frac{v}{v_0}\right)\left(\frac{b}{b_0}\right)\mathrm{d}\left(\frac{y}{b}\right) \tag{3-12}$$

令 $\dfrac{v}{v_0} = \dfrac{v}{v_m} \cdot \dfrac{v_m}{v_0}$，则式 (3-12) 可表述为：

$$\frac{Q}{Q_0} = \int_0^b \frac{v}{v_m} \cdot \frac{v_m}{v_0} \cdot \frac{b}{b_0} \mathrm{d}\left(\frac{y}{b}\right) \tag{3-13}$$

将式 (3-3)、式 (3-4)、式 (3-9) 代入式 (3-13) 得：

$$\frac{Q}{Q_0} = 1.2\sqrt{\frac{as}{b_0}+0.41} \tag{3-14}$$

式 (3-14) 为射流主体段流量与射流喷口处射流流量之间的关系表达式，通过该式可以求出射流主体段流量的衰减规律。

3.3.6 射流相关运动参数计算

平面射流起始段、主体段上其他参数的推导过程与前几小节相似，鉴于篇幅的限制，这里不再进行推导过程的描述，现将涉及平面射流运动的主要参数求解公式总结统计后列于表 3-2[155]。

表 3-2 平面射流运动的主要参数求解公式统计

位置	参数	符号	单位	求解公式
射流起始段	收缩角	β	°	$\tan\beta = 0.97a$
	流量	Q	m³/s	$\dfrac{Q}{Q_0} = 1+0.43\dfrac{as}{b_0}$
	断面平均流速	v_1	m/s	$\dfrac{v_1}{v_0} = \left(1+0.43\dfrac{as}{b_0}\right)\Big/\left(1+2.44\dfrac{as}{b_0}\right)$
	质量平均流速	v_2	m/s	$\dfrac{v_2}{v_0} = 1\Big/\left(1+0.43\dfrac{as}{b_0}\right)$
	核心段长度	s_n	m	$s_n = 1.03\dfrac{b_0}{a}$
	喷口至 x_0 点距离	x_0	m	$s_n = 0.41\dfrac{b_0}{a}$
射流主体段	扩散角	θ	°	$\tan\theta = 2.44a$
	射流半宽	b	m	$\dfrac{b}{b_0} = 2.44\left(\dfrac{as}{b_0}+0.41\right)$
	轴心速度（最大流速）	v_m	m/s	$\dfrac{v_m}{v_0} = 1.2\Big/\sqrt{\dfrac{as}{b_0}+0.41}$

续表 3-2

位置	参数	符号	单位	求解公式
射流主体段	流量	Q	m³/s	$\dfrac{Q}{Q_0} = 1.2\sqrt{\dfrac{as}{b_0}+0.41}$
	断面平均流速	v_1	m/s	$\dfrac{v_1}{v_0} = 0.492\bigg/\sqrt{\dfrac{as}{b_0}+0.41}$
	质量平均流速	v_2	m/s	$\dfrac{v_2}{v_0} = 0.833\bigg/\sqrt{\dfrac{as}{b_0}+0.41}$

3.4 平面紊动冲击射流参数分析

施工隧道风幕通风条件下,风幕由隧道拱顶向下吹射形成射流风幕,从而起到粉尘隔离作用,风幕射流喷口的轴向与隧道底板形成一定的夹角,使风幕与掌子面的粉尘形成卷积运动状态,增强抽出式风筒的吸尘效应。射流从喷口喷出后对隧道底板形成冲击,之后分别向污染区和清洁区分流扩散,这种射流称为冲击射流。

3.4.1 射流运动分区

根据射流轴向与壁面之间夹角 γ 的大小,冲击射流可分为正向冲击射流和斜向冲击射流,分别如图 3-6(a)、(b)所示。

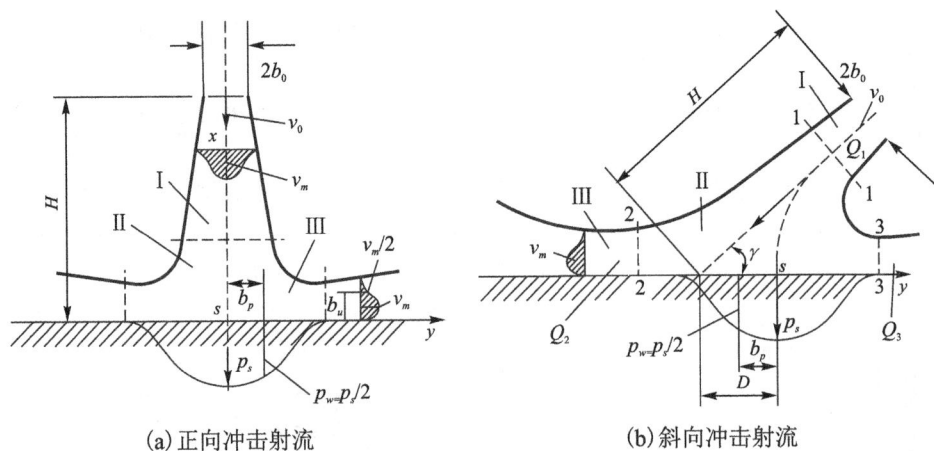

(a)正向冲击射流　　　　　(b)斜向冲击射流

图 3-6　正向冲击射流和斜向冲击射流形态示意图

目前国内外专家学者对冲击射流的运动研究甚多,相关研究结果[160-164]表明,正向冲击射流与斜向冲击射流根据其运动特性均可划分为三个区域:

Ⅰ区——自由射流区。该区内射流流动状态与自由射流相同,其断面上的流速分布及轴线速度的衰减与自由射流相似。

Ⅱ区——冲击区。该区内射流的速度及流量得到重新调整和分配,流动状态复杂化。

Ⅲ区——附壁射流区。射流在冲击区完成流量分配后转化为两向射流,各自密贴冲击壁面运动,其运动状态与附壁射流相同。

3.4.2　自由射流区运动参数

若射流断面内射流两边界层之间的距离为 x,射流喷口至冲击壁面的距离为 H,则自由射流区的范围从射流喷口起至 $x/H \approx 0.7$ 止,自由射流区内射流的流动性质与自由射流相同,因此射流断面上的流速分布可通过式(3-4)表述,射流轴线速度可通过式(3-9)表述,则射流半宽 b 与喷口半宽 b_0 的关系可通过式(3-3)的转化形式表述为:

$$\frac{b}{b_0} = 2.44\left(\frac{aH}{b_0} + 0.41\right) \tag{3-15}$$

式中:H——射流喷口至冲击壁面的距离,m;

a——紊流扩散系数。

3.4.3　射流冲击区运动参数

冲击区的范围大致从 $x/H > 0.7$ 起至 $x/H \approx 0.35$ 止,该区内射流流向发生偏转曲变,流速的分布很难用公式表达,工程应用中主要以射流对冲击壁面的作用力为研究重点。由于射流对冲击壁面的合力可用动量方程求得,这里仅针对射流对壁面的压强分布进行分析。

如图 3-6 所示,s 点为滞点,在正向冲击射流内该点位于射流轴线上,射流与冲击壁面接触后该点上射流的瞬时速度为零;斜向冲击射流内滞点偏移射流轴线,其偏移量与射流轴线方向和壁面之间夹角 γ 的大小及喷口设置高度相关;令 s 点上的压强为 p_s,根据相关实验[165]得知:

$$\frac{p_s}{\rho \frac{v_0^2}{2}} \cdot \frac{H}{2b_0} \approx 7.7 \tag{3-16}$$

射流轴线内不同位置上的压强 p_m 分布为:

$$\frac{p_m}{p_s} = 3.2\frac{x}{H} - 2.2 \tag{3-17}$$

由图 3-6 可以看出,冲击壁面不同位置上的压强分布图形符合正态分布,对

此,冲击壁面上的压强 p_w 分布可表述为:

$$\frac{p_w}{p_s}=\exp\left[-0.693\left(\frac{y}{b_p}\right)^2\right] \tag{3-18}$$

式中：y —— 冲击壁面的横向取值,m,s 点为原点,取值为 0 m;

b_p —— $p_w=p_s/2$ 处射流半宽,m。

3.4.4 附壁射流区运动参数

附壁射流区的范围大致从 $x/H\approx0.35$ 起至附壁层上射流运动状态停滞止。该区内射流的运动状态与二维附壁射流相同。

(1)当射流形态为正冲击时：

射流断面上的最大流速 v_m 与射流初始速度 v_0 的关系可表述为:

$$\frac{v_m}{v_0}=\frac{2.35}{\sqrt{\dfrac{y}{2b_0}}} \tag{3-19}$$

射流厚度与喷口至壁面的距离 H 之间的关系可表述为:

$$\frac{b_u}{H}=0.0765\left(\frac{y}{H}+1.35\right) \tag{3-20}$$

式中：b_u —— 冲击流速为 $v_m/2$ 处的附壁射流厚度,m;

H —— 射流喷口至冲击壁面的距离,m。

(2)当射流形态为斜冲击时：

斜向冲击射流内滞点 s 偏移射流轴线,导致冲击区与附壁射流区的流动状态、流量分布及壁面压强在射流轴线两侧出现分布不对称,点 s 与射流轴线之间移量 D 与射流轴线和壁面之间的夹角 γ 及喷口高度 H 的大小相关:

$$\frac{D}{H}=0.154\cos\gamma \tag{3-21}$$

射流断面上的最大流速 v_m 与射流初始速度 v_0 的关系可表述为:

$$\frac{v_m}{v_0}=\sqrt{\frac{5.5(1+\cos\gamma)}{|y|/2b_0}} \tag{3-22}$$

3.5 平面紊动冲击射流流量分配

3.5.1 正向冲击射流流量分配

如图 3-6(b)所示,将冲击区内的流体作为控制体,忽略摩擦和微小压力变化的情况下根据动量定理可得[166]：

$$\rho Q_1 v_1 \cos \gamma + \rho Q_2 v_2 - \rho Q_3 v_3 = 0 \tag{3-23}$$

式中：　v_1、v_2、v_3——断面 1-1、2-2 和 3-3 上的平均速度；

　　　　Q_1、Q_2、Q_3——断面 1-1、2-2 和 3-3 上的流量。

根据理想流体伯努利方程，当断面 1-1、2-2 和 3-3 上的平均速度相等时，即 $v_1 = v_2 = v_3$ 时，式（3-23）可化简为：

$$Q_1 \cos \gamma + Q_2 - Q_3 = 0 \tag{3-24}$$

忽略流量损失，根据能量守恒定律，断面 1-1 处的流量等于断面 2-2 与断面 3-3 处的流量之和，即在冲击区内：

$$Q_1 = Q_2 + Q_3 \tag{3-25}$$

联合式（3-24）、式（3-25）进行方程互导，得出：

$$Q_2 = \frac{Q_1}{2}(1 + \cos \gamma) \tag{3-26}$$

$$Q_3 = \frac{Q_1}{2}(1 - \cos \gamma) \tag{3-27}$$

式（3-25）~式（3-27）即理想状态下冲击射流的流量分配关系，当射流形态为正向冲击流时，即射流轴线和壁面之间的夹角 $\gamma = 90°$ 时，$\cos \gamma = 0$，得出：$Q_2 = Q_3 = Q_1/2$。

3.5.2　斜向冲击射流流量分配

斜向冲击射流的轴线和壁面之间的夹角 γ 的范围为 $0° \leqslant \gamma \leqslant 90°$。如图 3-6（b）所示，当 $\gamma < 90°$ 时，冲击区内壁面的摩擦力合力方向与 y 轴正方向相同，在射流压力和摩擦力双重作用下迫使断面 2-2 侧流量 Q_2 增大，断面 3-3 侧流量 Q_3 减小。当射流分配在不平衡状态下计算流量时，壁面摩擦应当被引入考虑[166]。设壁面摩擦系数为 K_Q，则式（3-26）可改写为：

$$Q_2 = \frac{Q_1}{2}(1 + \cos \gamma)K_Q \tag{3-28}$$

摩擦系数 K_Q 应满足：

$$\begin{cases} \gamma = 0° \text{时}, K_Q = 1 \\ \gamma = 90° \text{时}, K_Q = 1 \\ 0° < \gamma < 90° \ K_Q < 1 \end{cases}$$

设 $K_Q = (1 - \eta \cdot \sin 2\gamma)$，其中 η 为附加系数，取值约为 0.125，将 $K_Q = (1 - 0.125 \sin 2\gamma)$ 代入式（3-28）后得：

$$Q_2 = \frac{Q_1}{2}(1+\cos\gamma)(1-0.125\sin 2\gamma) \qquad (3-29)$$

当斜向冲击射流轴线和地面之间的夹角为 γ 时，射流喷口角度(即射流喷口与隧道断面之间的夹角) $\theta = 90°-\gamma$，对此，式(3-29)可以整理为：

$$\frac{Q_2}{Q_1} = \frac{1}{2}(1+\sin\theta)(1-0.125\sin 2\theta) \qquad (3-30)$$

斜向冲击射流内各流量的分配原则依然满足 $Q_1 = Q_2 + Q_3$，Q_2/Q_1 与射流喷口角度 θ 的关系曲线如图 3-7 所示。

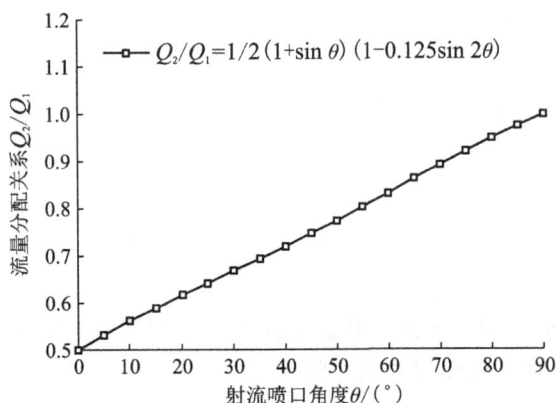

图 3-7　斜向冲击射流条件下 Q_2/Q_1 流量分配与射流喷口角度 θ 的关系

由图 3-7 可看出，射流喷口角度 θ 越大，Q_2 在总流量 Q_1 上的占比越大，即斜向冲击射流 2-2 断面方向的流量越发增大。

3.6　本章小结

(1)阐述了风幕通风技术在施工隧道除尘净化作业中的基本原理。

(2)利用平面紊动射流的原理对射流运动过程、各参数之间的关系、射流断面速度分布、流量衰减等特点进行了研究。

(3)根据射流轴向与壁面之间夹角的大小，对射流分配后的正向冲击射流和斜向冲击射流的运动特点及各区域内分配流的运动参数进行了研究。

(4)分析了正向冲击流和斜向冲击流的流量分配特点，为相似模化实验中流量的分配提供了计算依据。

第4章

风幕通风方式模化相似性实验

模化相似性实验是基于相似原理,根据一定比例制作与原型具有相似尺度的模型进行实验研究,以预测原型将会发生的流动现象,模化相似实验的核心是再现运动现象的物理本质。在实验条件具备的情况下,用模型实验代替理论计算更具有效性。

4.1 研究意义

大型设备的新建或改造通常需要进行多方案比较,选取准确可靠的方案,对新建或改建设备的工作性能进行预判,通常通过直接实验的方法来解决问题,但直接实验的方法受场地、经费及建造时间等要求的限制,因此需要推广到与现实实验条件完全相同的相似模型上加以验证。随着模化理论、模化技术的提高,以相似理论为基础研究复杂现象而得出的模化结果日益精确,模化时间也更短。对此,本章参照序岭隧道施工现场实际尺寸建立等比缩尺相似性模型,通过对相关通风设备参数的选择及风幕通风方式条件下的隔尘除尘效果进行模化相似性实验,得出风幕最优隔尘效果条件下射流喷口的最优宽度、最优设置角度、最优风速及最优风速条件下射流喷口处的风速初始值,根据得出的最优实验参数对序岭隧道实体内的相关参数进行回归性分析,以此确定隧道实体内风幕通风方式下射流喷口尺寸、喷口布设角度、喷口初速度及吸尘口风速值,为第5章 Fluent 数值模拟提供相关参数依据。

4.2 模化相似准则及相关理论

4.2.1 相似定理

相似性质是指彼此已相似的现象具有何种性质;相似条件是指满足何种条件

后一些现象才能彼此相似。相似可推广到其他物理概念,如几何相似、时间相似、速度相似、压力相似、浓度相似等。两个物理现象相似是以空间相似(场量的几何相似)及时间相似为前提,表述两个现象的所有量在空间中对应的各点及在时间上对应的各瞬间互为一定的比例关系。要保证两个现象的力学相似,应满足相似三定理[167]。

相似第一定理——相似物理现象必定具有相同的相似准则,相似准则不是唯一的,复杂的现象存在多个相似准则。两个彼此相似现象同一对应点或者截面的相似准则具有相同的数值(无因次数),该数值是描述某一物理体系的一个量,该量为没有物理单位的纯数,一般被定义为一个结果。

相似第二定理——模化法则:两个同类型现象,即可被同一完整的方程组描述的两个现象,若各自单值条件(几何条件、边界条件等)相似,且由单值条件的物理量所组成的相似准则在数值上相等,则这两个物理现象必定相似。

相似第三定理——结果整理:描述两个相似物理现象各种量之间的关系可表述为相似准则 $\Pi_1, \Pi_2, \cdots, \Pi_n$ 之间的函数关系,即

$$F(\Pi_1, \Pi_2, \cdots, \Pi_n) = 0 \qquad (4-1)$$

式(4-1)称为准则关系式或准则方程式。由于必测相似的现象对应的相似准则都保持同样的数值,因此它们的准则关系式也是相同的。由此,若将某现象的实验结果整理成准则关系式,该关系式可推广到与其相似的现象中。

相似理论是模型实验研究的理论基础。相似第一定理指明了实验时应测量出各相似准则所包含的量;相似第二定理指明了模型实验时必须使单值条件相似,且由单值条件物理量构成的定性准则在数值上是相等的;相似第三定理指明了实验结果整理的函数关系。

4.2.2　自模性理论与相似准则数的导出

对于黏性流体(液体流或气流),当流速较小时流体流动呈层流状态,当流速较大时流体质点相互掺混形成紊流,亦称湍流。由流体速度 w、当量直径 d 及流体黏性系数 v 构成的无因次数称为雷诺数 Re,彼此关系可表述为:

$$Re = \frac{wd}{v} \qquad (4-2)$$

流体运动特性与雷诺数 Re 有如下关系[168]:当 $Re < 2320$ 时,流体的流动属于层流,此数值称为雷诺数第一临界值,用 $Re_{临1}$ 表示;当 $Re > Re_{临1}$ 时,流体流动属于紊流状态,Re 越大紊流程度越大,在 Re 达到一定值后,紊流程度不再发生改变,此时紊流对应的 Re 称为第二临界值,用 $Re_{临2}$ 表示。

当模型内流体与实际流体均处于层流状态时,其流动状态与 Re 无关,且彼此相似,沿流体限制壁面横截面的流速分布如式(4-3)所示:

$$\frac{w}{\overline{w}} = 2\left[1 - \left(\frac{r}{r_0}\right)^2\right] \tag{4-3}$$

式中：w —— 半径为 r 处的流速，m/s；

　　　$\overline{w}$ —— 截面平均流速，m/s；

　　　r —— 限制壁面的围绕半径，m。

模型流与原型流均呈抛物线分布，这种在一定条件下自行相似的流动现象称为自模性[169]，当 $Re < Re_{临1}$ 时称为第一自模区。当 $Re > Re_{临2}$ 时，流体的紊流状态几乎不受流速的影响，模型流与原型流彼此相似，流动与 Re 值不再相关，流体再次进入自模区，称为第二自模区。综上，模型模化时，不要求模型流与原型流的 Re 值相等，只要求两者处于同一自模区即可。自模性也可认定为时非定性准则，即 La（第一自模区内拉格朗日准则）、Eu（第二自模区内欧拉准则）与定性准则 Re 在一定范围内互不相关。

在分析粉尘运动状态时，粉尘密度 ρ、运动速度 w、空气黏度 μ 等参数体现其数值的大小，属于有因次量。例如 l/d 可以表示几倍于直径的长度，它的值决定管内流体的流动状态，属于无因次量。相似理论分析问题时，通常采用无因次量来表述现象。

为了便于区别和简化，本节在对气固两相流进行分析时在相关符号上标记（′）表示固相，标记（″）表示气相。由气固两相流的基本方程可知，描述隧道内粉尘颗粒在气流中运动的物理量有 10 个：w'、λ、ρ'、ρ''、μ、δ、g、l、p、t。其中 w' 表示粉尘固体的运动速度；λ 表示气固两相流的相对速度；ρ'、ρ'' 表示物理量的密度；μ 表示物理量的黏性系数；δ 表示粉尘颗粒的当量直径；g 表示重力加速度；l 表示水力直径；p 表示压力；t 表示时间。力学分析中常取长度、时间及物量（力）为基本量，各自对应的因次即基本因次，分别为 [L]、[M]、[T]，共 3 项。根据相似定理推导出 7 个独立的相似准则[169]：Stk（斯托克斯准则）、$U\lambda$（运动准则）、ρ'/ρ''（密度准则）、Ho（均时性准则）、Fr（弗劳德准则）、Eu（欧拉准则）、Re（雷诺准则）。相似准则推导时选取水力直径 l、气体密度 ρ'' 及时间项 t 为核心组，则

$$\begin{cases} \pi_1 = l^a \rho''^b u''^c \rho' \\ \pi_2 = l^d \rho''^e u''^f u'' \\ \pi_3 = l^g \rho''^h u''^i \lambda \\ \pi_4 = l^j \rho''^k u''^l \delta \\ \pi_5 = l^m \rho''^n u''^o g \\ \pi_6 = l^p \rho''^q u''^r t \\ \pi_7 = l^s \rho''^z u''^w p \end{cases} \tag{4-4}$$

式(4-4)中 π_1 描述气固两相流的因次关系,可表述为[169]:

$$1 = [L]^a[ML^{-3}]^b[MT^{-1}T^{-1}]^c[ML^{-3}] \tag{4-5}$$

要使上式成立,等式右边指数须为 0。则 $a-3b-3=0$, $b+c+1=0$, $-2c=0$,解得:

$a=0$, $b=-1$, $c=0$。同理,可得:

$$\pi_2=\frac{l\rho''u''}{u''};\pi_3=\frac{l\rho''\lambda}{u''};\pi_4=\frac{\delta}{l};\pi_5=\frac{l^3\rho''^2g}{u''^2};\pi_6=\frac{u''t}{l^3\rho''};\pi_7=\frac{l^3\rho''p}{u''^2}$$

由 π_1、π_3、π_4 可得:

$$(\pi_4)^2\pi_1\pi_3=\frac{\delta^2\rho'\lambda}{lu''}=Stk(斯托克斯准则) \tag{4-6}$$

由 π_2、π_6 可得:

$$\pi_2\pi_6=\frac{u''t}{l}=Ho(均时性准则) \tag{4-7}$$

由 π_2、π_7 可得:

$$(\pi_2)^{-2}\pi_7=\frac{p}{\rho''u''^2}=Eu(欧拉准则) \tag{4-8}$$

由 π_2、π_5 可得:

$$(\pi_2)^{-2}\pi_5=\frac{u''}{gl}=Fr(弗劳德准则) \tag{4-9}$$

由 π_2、π_3 可得:

$$(\pi_2)^{-1}\pi_3=\frac{\lambda}{u''}=U\lambda(运动准则) \tag{4-10}$$

由 π_1 可得:

$$\pi_1=\frac{\rho''}{\rho'}(密度准则) \tag{4-11}$$

由 π_2 可得:

$$\pi_2=\frac{l\rho''u''}{u''}=Re(雷诺准则) \tag{4-12}$$

综上,共导出气固两相流运动的 7 个相似性准则数。

4.2.3　气固两相流运动的单值条件

根据相似第二定理模化法则,两个同类型现象,即可被同一完整的方程组描述的两个现象,若各自单值条件(几何条件、边界条件等)相似,且由单值条件的物理量所组成的相似准则在数值上相等,则这两个物理现象必定相似。单值条件是将某一特定现象从多个同类现象中区分开来的条件,同时气固两相流运动的微分方程只有给出单值条件才能进行求解。单值条件包括几何条件、物理条件及边界条件。

几何条件是指模型与原型工作断面的几何尺寸相似,粉尘粒度相似;物理条件是指模型与原型内对应点上流体的参数相似,如气体密度 ρ''、气体动力黏性系数 μ、重力加速度 g、壁面粗糙度等;边界条件是指模型与原型各个壁面的约束定义相同。

4.2.4 相似准则数及单值条件的化简

隧道气固两相流模拟实验中,使模型与原型同时满足 7 个相似准则及多个单值条件几乎是不可能的,固体颗粒在气流中运动规律的研究难以实现模化条件,通常采用近似仿效的方法加以解决[170],该方法可以从质的方面近似研究现象的规律性,其易于实现,测试方便,可直接观测工作过程。近似仿效应对相关因素进行近似化简,突出决定性的主要因素,简化次要因素。具体化简原则如下:

(1)相似准则数的化简

①欧拉准则 Eu 是非定性准则数,其他定性准则数满足后该准则自动满足。

②均时性准则 Ho 在稳定状态下可以忽略。

③施工隧道内粉尘和气体的流动均为通风机作用下的强迫流动,粉尘颗粒对气流的相对运动影响很小,故弗劳德准则 Fr 可以不予考虑。

④密度准则表示粉尘颗粒所受浮力与重力的比值,在强迫流动中浮力与重力的比值对颗粒运动的影响不大,故该准则可以不予考虑。

⑤隧道施工过程中产生的飘尘粒径都很小,粉尘颗粒可以在短时间内随气流扩散,因此运动准则 $U\lambda$ 在颗粒充分加速后可以自行满足。

⑥雷诺准则 Re 表示黏性力对流动的影响,在单值条件相似情况下模型与原型 Re 值相等,两者任意对应截面的值亦相等。黏性流体具有自模性,当模型与原型各自 Re 处于同一自模区时即可保证相似属性,不必要求雷诺准则 Re 相等。

⑦斯托克斯准则 Stk 体现为粉尘颗粒惯性力与气流阻力的比值,该准则是决定性的核心准则,必须满足。当模型中粉尘运动雷诺数 $Re_{模-尘}$ 与原型中粉尘运动雷诺数 $Re_{原-尘}$ 处于同一区段时才能保证斯托克斯公式中 n、c 为常数。

Re 取值可分为 5 个区段:

$$\begin{cases} Re<1 \text{ 时},c=24,n=1(斯托克斯阻力区) \\ 1<Re<40 \text{ 时},c=23.4,n=0.725 \\ 40<Re<700 \text{ 时},c=7.8,n=0.425 \\ 700<Re<2\times10^5 \text{ 时},c=0.48,n=0(平方阻力区) \\ Re>2\times10^5 \text{ 时},c=0.18,n=0(阻力系数突变后) \end{cases} \quad (4-13)$$

式(4-13)中,n、c 为常数;当 i 为粉尘扩散阻力系数时,其与 Re 的关系可表

述为:

$$i = \frac{c}{Re^n} \tag{4-14}$$

（2）单值条件的化简

①几何条件相似:模型与原型空间几何尺寸成比例,即 $L_{模}:L_{原}=c$（c 为常数）。理想状态下准则相似应适用于单一粒径的颗粒,但实际施工过程中粉尘粒径的分布属于混合分布,对此,采用与原型粒径分布服从同一分布规律的多粒径混合粉尘的某一特征尺寸作为当量直径即可进行模拟[169]。

$$\frac{\delta}{L} = \frac{Stk\rho'}{Re\rho''} \tag{4-15}$$

式（4-15）中,只需满足相似准则数 Stk 与 Re,粉尘粒径相似即可满足。

②物理条件:对于等温流动,模型与原型内对应个点流体的相关物理参数相似自动满足。由于黏性流动具有稳定性,离开壁面一定距离的流动对流动状态及流速分布影响很小,因此壁面粗糙度相似可以不予考虑。

③边界条件:无论入口速度如何分布,对于模型与原型来说,流体经过一定距离后,速度分布趋于一致,因此进出口处流体速度分布相似自动满足。

4.3 隧道模型结构相似参数

4.3.1 模型空间几何参数

模型空间几何参数相似要求模型与原型在几何尺度与特征尺度上的比率相等,即

$$\frac{L_{模}}{L_{原}} = c \tag{4-16}$$

式中,$L_{模}$ 与 $L_{原}$ 分别代表模型与原型中对应的任意位置上的几何尺度,根据模化相似的要求,模型内所有结构几何尺度都应满足式（4-16）的要求。考虑到空间尺寸与经济性,参考序岭隧道实体,按照几何缩尺比 1:43 对隧道原型进行模型化搭建。

4.3.2 风幕射流腔布设位置

风幕装置桁架应密贴衬砌台车布设,防止爆破粉尘对衬砌作业人员造成影响,同时满足施工面爆破空气冲击波安全距离及爆破飞石安全距离的要求[171]。爆破空气冲击波安全距离 $R_{冲}$:

$$R_{冲} = K \cdot \sqrt{Q} \tag{4-17}$$

式中:Q——掌子面装药量,kg;

K——装药条件和爆破程度系数(裸露药包 10~50;全埋药包 5~10)。

施工面爆破时飞石安全距离 $R_{石}$:

$$R_{石} = 20n^2 \cdot w \cdot \sigma \tag{4-18}$$

式中:n——最大药包的爆破作用指数;

w——最大硐室药包的最小抵抗线,m;

σ——调整系数,取值 1~1.5。

由此可以得出轴流风机至施工面的安全距离 $R = \max\{R_{冲}, R_{石}\}$,现场布设时还应同时参照项目施工组织设计中对衬砌台车的布设距离的要求。

4.3.3　射流喷口布设高度

考虑到隧道内施工设备及工程车辆的通行以及风幕喷口内吸尘净化口尺寸的要求,风幕喷口设置不应低于衬砌台车中部施工通道的最高点,同时也要保持风幕的完整性,实现隧道整个断面被完全覆盖,满足风幕、掌子面及隧道壁面可以封闭成一个相对密闭空间的要求,布设位置如图 4-1 所示。目前,施工隧道中广泛采用的成品硬质通风管道直径规格有 0.8 m、1.0 m、1.2 m 及 1.8 m,鉴于粉尘扩散的弥散性特点,选择直径相对大的 1.8 m 管道作为吸尘管。压入式轴向气流经过射流箱整合后进入射流腔,以保证风幕射流能以均衡条缝流的形式被喷出,因此射流箱应当采用扁平设计,这样既可以压缩装配空间,又能保证射流的均衡性。

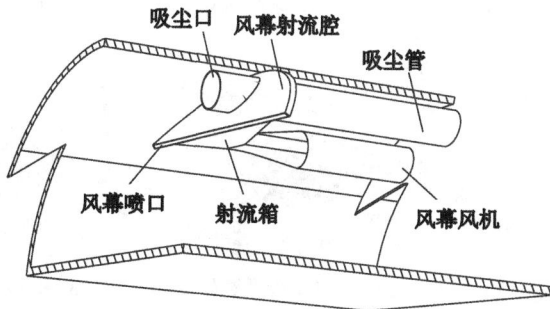

图 4-1　风幕射流装置布设示意图

综上,选择直径 $\phi = 1.8$ m 的硬质通风管作为吸尘管道,射流箱的高度 $h < 0.3$ m。风幕喷口最下缘至隧道拱顶中央的距离为 $L = d + h + l$,式中,l 为吸尘管与射流箱之间、射流箱与风幕喷口下缘之间及吸尘管与隧道壁面之间的游间尺寸,一般不大于 0.3 m。序岭隧道中衬砌台车中部施工通道的最高点距隧道拱顶中央 3.4 m。因此,L 取值应满足 2.6 m$<L<$3.4 m。考虑到掌子面爆破后冲击波对风幕射流腔的影

响,射流喷口应尽量远离施工走行面,因此,L 取 2.6 m。根据相似模型几何缩尺比 $\lambda=43$,对模型内风幕喷口最下缘至隧道拱顶中央的距离 $L_模$ 进行换算得:$L_模=$ 0.06 m。

4.3.4 射流喷口几何尺寸

当风幕气流为条缝射流紊动状态时,射流喷口长宽比大于等于 10:1,喷口在长度范围内根据其设置高度及隧道壁面的断面跨距取值,满足密贴隧道壁面的要求,宽度范围不宜过窄,否则增大通风机阻压导致通风管道内及喷口处压力剧增,喷口压力过大会加剧震动、增大气动噪声。同时,风幕喷口也不宜过宽,其长宽比不能低于 10:1,否则达不到条缝射流的形成条件,造成风幕风压过低,风幕形成后其射流主体段的覆盖距离过短,影响风幕的卷积效应。

根据序岭隧道断面的实际尺寸以及条缝射流的形成条件,风幕喷口下缘至拱顶中央垂直距离 $L=2.6$ m 时,射流腔密贴隧道壁面设置后风幕射流喷口长边长度 $d_长=10.2$ m,风幕喷口短边长度 $d_短$ 的取值范围应为 0 m<$d_短$<1 m。由射流主体段轴心流速与喷口处射流初始速度之间的关系表达式式(3-9)可导出:

$$v_m = 1.2v_0 / \left(\frac{as}{b_0} + 0.41 \right) \times 0.5 \tag{4-19}$$

式中各参数含义与式(3-9)相同。当射流出口短边半宽分别为 $b_0=0.1$ m、0.2 m 及 0.4 m 时通过 MATLAB 软件对式(4-19)进行求解,各相关参数间关系如图 4-2 所示。

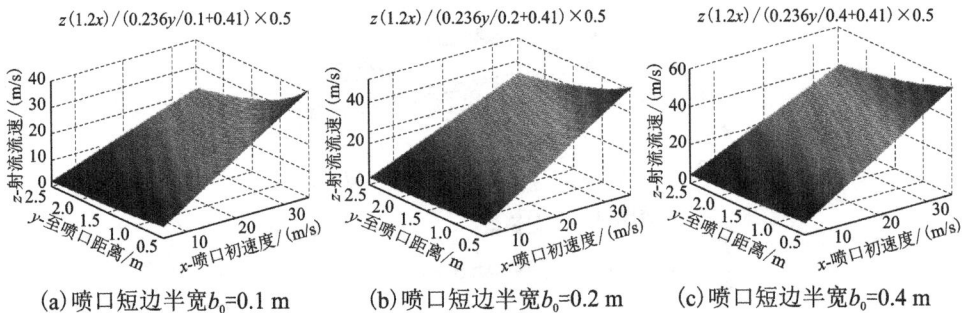

(a)喷口短边半宽 $b_0=0.1$ m　　　(b)喷口短边半宽 $b_0=0.2$ m　　　(c)喷口短边半宽 $b_0=0.4$ m

图 4-2　风幕射流喷口不同短边半宽条件下函数 $v_m=f(v_0,s)$ 中各变量之间的关系

射流喷口风的初始速度不变的情况下,喷口越宽风压越大。由图 4-2 可以看出,远场处射流流速随喷口短边的增大而增大,然而大宽度喷口在设计、制作及安装方面增加了难度,同时对通风机的风量要求也有所提高。对此,本书仅对喷口半宽 $b_0<0.2$ m 时进行分析,即 $d_短$ 的取值范围缩小为 0 m<$d_短$<0.4 m,对应相似模型内风幕射流喷口短边长度 $d_{短-模}$ 的取值范围为 0 mm<$d_{短-模}$<10 mm,实验时以 2 mm

为周期宽度进行增加,论证最优宽度的取值。

4.3.5　射流喷口布设角度

当射流喷口长宽比≥10:1时,其出口雷诺数 $Re>30$ 时即可认定条缝射流运动为紊动状态[172],对此,根据黏性流体自模性特点,在不考虑射流喷口具体尺寸的情况下,近似将其长宽比定义为10:1时,同一角度射流条件下其运动特性基本一致。令喷口射流轴向垂直于隧道施工走行面时喷口角度为0°,喷口射流轴向垂直于隧道掌子面时喷口角度为90°,现场布设时喷口的安装角度 θ 应满足0°<θ<45°。若 θ>45°则会增加射流行程,降低远场处射流风速,同时还可能导致与隧道顶部吸入式气流叠加后改变风幕轨迹,影响气流的卷积效果,降低风幕密闭性,进而降低隧道内回流风量;θ 亦不应小于0°,否则破坏风幕隔离效应,加剧粉尘污染。相似模化实验时风幕射流喷口布设角度以5°为周期角,对最优角度的取值进行实验论证。

4.3.6　射流喷口处风速

风幕喷口处风速初始值与通风机的供给风压、风路阻力、漏风率及喷口面积等因素相关。由于风幕射流腔直接与通风机对接,因此在对风速初始值进行计算时可通过阻力及漏风率等因素对风幕喷口风量 Q 进行求解,考虑到风幕射流腔弯头距离喷口较近,弯头处阻力值对风速的影响甚小,计算时可以忽略。矩形射流喷口处的风速初始值 v_0 可通过以下公式计算得出:

$$v_0 = \frac{Q}{b_{长} \times b_{短} \times 3600} \tag{4-20}$$

式中: v_0 —— 射流初始速度, m/s;

　　　 Q —— 喷口处风量, m³/h;

　　　 $b_{长}$ —— 风幕喷口长边尺寸, m;

　　　 $b_{短}$ —— 风幕喷口短边尺寸, m。

隧道射流喷口处风速的取值可通过模化实验确定,实验时喷口风速值的大小通过通风机进行调节,最优风速值的大小通过射流对粉尘的隔离效果来评价,即通过射流两侧粉尘浓度比的大小来确定。

4.3.7　吸尘口几何尺寸及风速

隧道原型与模型之间的几何缩尺比 $\lambda = 43$,故隧道模型中吸尘管口的直径为0.042 m。隧道内吸尘净化设备需要与风幕配合共同实现粉尘净化目标,对此,吸尘口处理风量应与风幕斜向冲击流的分流风量相匹配。若吸尘设备处理风量过高,会影响风幕的射流方向,降低粉尘污染区的密闭性;若吸尘设备处理风量过低,在风幕通风机的作用下粉尘污染区内压力增大,对风幕射流产生冲击,破坏其完整性。因此,吸尘口处的处理风量应与斜向冲击流的分流风量基本相等。

根据射流喷口设置角度 θ 及射流总风量,通过式(3-30)求得掌子面方向斜向冲击射流的分流风量 Q_2,则模型内吸尘口处风速值 v_x 为:

$$v_x = \frac{Q_2}{3600\pi r^2} \qquad (4-21)$$

隧道模型中吸尘管口的半径 $r = 0.021$ m,上式可化简为:

$$v_x = \frac{Q_2}{4.985} \qquad (4-22)$$

式中, v_x 的单位为 m/s。实验时模型内吸尘口处风速值 v_x 的取值根据掌子面方向斜向冲击流的分流风量 Q_2 通过式(4-22)进行调节。

4.4 气固两相流介质相似参数

风幕通风施工隧道中的粉尘密度、分散度等特性应与压入式通风技术条件下一致,此时对比分析才有意义。对此,通过对序岭隧道中实测数据进行分析,进而得出粉尘相关属性参数。相关研究[170]表明:模型与原型内各自产尘位置、运行方向、速度、产尘量及颗粒直径分布相似即可表明模型与原型在浓度场条件下相似。由于相似模型内粉尘由模型掌子面粉尘释放口进行释放,模型内气流释放位置与隧道原型一致,因此本小节仅对粉尘运动速度、产尘量及颗粒直径分布三者进行详述。

4.4.1 隧道内风速参数

根据实测数据,压入式通风状态下序岭隧道风管出口处风速为 13.4 m/s,隧道施工段内回风风速最高值为 2.7 m/s,最低值为 0.3 m/s,均值为 1.5 m/s。通风管道出口与掌子面之间区域内乱流较多,气流流速和流向杂乱,通风管道出口后方气流趋于稳定,因此在计算隧道水力直径时,应在气流稳定处取值。本书中断面面积与周长取值点为衬砌台车附近,隧道断面轮廓周长 $C = 35.9$ m,断面面积 $S = 85.48$ m^2。流体雷诺公式可表述为:

$$Re_{原} = \frac{\rho \cdot w \cdot l}{\mu} \qquad (4-23)$$

式中: ρ ——空气密度,kg/m^3;

w ——隧道内风速,m/s;

l ——隧道断面水力直径,隧道断面为非圆形时,其水力直径 $l = 4 \times$ 面积/周

长,m;

μ——空气动力黏度系数。

隧道通风实验时,施工作业区温度约为 27 ℃,空气密度 ρ 为 1.177 kg/m³,空气动力黏度 μ 为 14.8×10^{-6}kg/(m·s),根据式(4-23)求得序岭隧道原型内气流雷诺数 $Re_{原}=1.16\times10^{5}$。

目前,尚不能通过理论计算的方法预先确定进入自模区时 Re 的临界值,只能通过实验加以确定。一般情况下,在管道中(隧道体类似),当 $Re<2300$ 时可判定流体处于层流状态,即第一自模区;当 $Re>10^{4}$ 时可判定流体处于完全紊流状态,即第二自模区;当 $2300<Re<10^{4}$ 时,流体处于层流与紊流的混流区[173]。因此,根据序岭隧道原型内气流雷诺数 $Re_{原}=1.16\times10^{5}$,可判定隧道原型内气流流动为完全紊流状态,处于第二自模区。

根据流体的自模性特性,当 $Re_{模}>10^{4}$ 时隧道模型内气流运动处于第二自模区,原型内气流的运动特性相似,按比例缩减后的模型隧道断面面积 $S_{模}=0.05$ m²,断面轮廓周长 $C_{模}=0.83$ m,水力直径 $l_{模}=0.24$ m;当 $\rho=1.177$ kg/m³, $\mu=14.8\times10^{-6}$kg/(m·s)时,通过式(4-23)对模型隧道内风速值 $w_{模}$ 进行求解,求得 $w_{模}>5.94$ m/s。

4.4.2　粉尘粒径参数

不同粒径粉尘颗粒的扩散沉降随通风时间发生演化,这种演化过程是非稳态的,同时受爆破环境的影响,对爆破后初始粉尘颗粒粒径的检测十分困难。因此,实验粉尘几何粒径选取时参考飘尘颗粒的粒径尺寸。研究[174]表明,钻爆法施工条件下隧道掌子面爆破后通风条件下空气中粉尘粒径范围约为 $0<\delta\leqslant100$ μm,其频率分布符合正态分布。粉尘颗粒雷诺公式可表述为[170]:

$$Re_{原-尘}=\frac{\delta_{原}\cdot\rho\cdot w_{原}}{\mu}\tag{4-24}$$

式中: $\delta_{原}$ —— 隧道原型中粉尘颗粒粒径,m;

　　　　ρ —— 空气密度,kg/m³;

　　　　$w_{原}$ —— 隧道原型中粉尘运动速度, m/s;

　　　　μ —— 空气动力黏度,kg/(m·s)。

相似准则中粉尘粒径只适用于单一粒径的粉尘流,实际工程中粉尘粒度分布不尽相同,当颗粒浓度不大,即颗粒之间无明显碰撞影响时,多尺寸颗粒可用单一特征尺寸来代替,且特征尺寸可取最大颗粒尺寸[175]。因此,隧道施工现场粉尘粒径 $\delta_{原}$ 可取 1.0×10^{-4} m,根据相似准则数的化简原则,当粉尘运动速度 $w_{原}$ 与隧道原型内风速取值相同,即 $w_{原}=1.5$ m/s 时,求得 $Re_{原-尘}=11.93$。由式(4-13)可知,当

$Re_{原-尘}$ 与 $Re_{模-尘}$ 处于同一开区间 (1,40) 内即可保证粉尘相似属性。令 $Re_{模-尘}=40$，则 $w_{模}=5.94$ m/s，$\rho=1.177$ kg/m³，$\mu=14.8\times10^{-6}$ kg/(m·s) 时，通过式(4-24)对模型隧道内粉尘颗粒粒径 $\delta_{模}$ 进行求解，求得 $\delta_{模}=8.47\times10^{-5}$ m ≈ 84.7 μm；当 $Re_{模-尘}=1$ 时，求得 $\delta_{模}=2\times10^{-6}$ m ≈ 2 μm。即当 2 μm < $\delta_{模}$ < 84.7 μm 时模型与原型内粉尘特性相似。

4.4.3 粉尘量参数

根据相似准则数的化简原则，$Re_{原-尘}$ 与 $Re_{模-尘}$ 处于同一区段时即可保证粉尘相似属性，由于模型与原型内粉尘属性相同，且流体介质均为空气，则当 $Re_{原-尘}=Re_{模-尘}$ 时，式(4-24)可化简为：

$$\delta_{原}\,w_{原}=\delta_{模}\,w_{模}\Rightarrow\frac{\delta_{原}}{\delta_{模}}=\frac{w_{模}}{w_{原}} \tag{4-25}$$

柱体内流量 Q 可以通过柱体断面内流速 w 乘以断面面积 S 求得，即

$$Q=w\cdot S=w\cdot(\pi r^2) \tag{4-26}$$

施工隧道在结构上可近似视作柱体，其断面近似为圆形，则隧道原型内粉尘流量 $Q_{原}$ 与隧道模型内粉尘流量 $Q_{模}$ 之间的关系可表示为：

$$\frac{Q_{原}}{Q_{模}}=\frac{w_{原}(\pi r_{原}^2)}{w_{模}(\pi r_{模}^2)}=\frac{w_{原}}{w_{模}}\frac{r_{原}^2}{r_{模}^2}=\frac{w_{原}}{w_{模}}\cdot\left(\frac{r_{原}}{r_{模}}\right)^2 \tag{4-27}$$

粉尘运动速度 w 可通过粉尘在隧道内的运动距离 d 除以相对运动时间 t 求得，即 $w=d/t$，式(4-27)也可表述为：

$$\frac{Q_{原}}{Q_{模}}=\frac{w_{原}(\pi r_{原}^2)}{w_{模}(\pi r_{模}^2)}=\frac{w_{原}}{w_{模}}\frac{r_{原}^2}{r_{模}^2}=\frac{d_{原}/t_{原}}{d_{模}/t_{模}}\cdot\left(\frac{r_{原}}{r_{模}}\right)^2=\frac{d_{原}}{d_{模}}\cdot\frac{t_{模}}{t_{原}}\cdot\left(\frac{r_{原}}{r_{模}}\right)^2 \tag{4-28}$$

则

$$\frac{t_{模}}{t_{原}}=\frac{Q_{原}}{Q_{模}}\Big/\left[\frac{d_{原}}{d_{模}}\cdot\left(\frac{r_{原}}{r_{模}}\right)^2\right]\Rightarrow\frac{t_{原}}{t_{模}}=\frac{d_{原}}{d_{模}}\cdot\left(\frac{r_{原}}{r_{模}}\right)^2\cdot\frac{Q_{模}}{Q_{原}} \tag{4-29}$$

粉尘释放量 D 可通过粉尘流量 Q 乘以其运动时间 t 求得，则隧道原型内粉尘释放量 $D_{原}$ 与隧道模型内粉尘释放量 $D_{模}$ 之间的关系可表示为：

$$\frac{D_{原}}{D_{模}}=\frac{Q_{原}\cdot t_{原}}{Q_{模}\cdot t_{模}}=\frac{Q_{原}}{Q_{模}}\cdot\frac{t_{原}}{t_{模}} \tag{4-30}$$

由模型几何比尺 $\lambda=43$ 可知 $r_{原}/r_{模}=d_{原}/d_{模}=\lambda=43$，将 $w_{原}$、$w_{模}$ 代入式(4-27)、式(4-29)，求得 $t_{原}/t_{模}=170.28$，$D_{原}/D_{模}=7.95\times10^5$。根据第 3 章产尘量的拟合求解可知：序岭隧道上部掌子面爆破后产尘量 $D_{原}=2.288$ kg，则 $D_{模}\approx2.88\times10^{-5}$ kg。

验证：序岭隧道上部掌子面断面轮廓面积 $S_{原}=56.5$ m²，爆破后掘进进尺 $l_{原}=$

2.2 m，其岩体剥离量 $B_{原}=124.3$ m^3，产尘量 $D_{原}=2.288$ kg；当模型几何比尺 $\lambda=43$ 时模型内对应 $S_{模}=3.057\times10^{-2}$ m^2，$l_{模}=5.116\times10^{-2}$ m，则 $B_{模}=1.564\times10^{-2}$ m^3。根据比例公式 $B_{原}/D_{原}=B_{模}/D_{模}$ 可计算出 $D_{模}\approx2.88\times10^{-5}$ kg，该结果与雷诺数准则条件下求得的 $D_{模}$ 相一致，说明相似准则数条件下的推导过程无误。

4.5　模型制作及主要检测设备

4.5.1　模型制作

相似模型模拟隧道流场特点时将对风幕通风方式在不同风速、不同设置角度条件下的气流运动特点及粉尘的隔离及净化效应进行重点模拟，因此涉及区域主要包括施工作业区，同时考虑到耗材使用量大、模型内部空间狭小等因素，在设计模型时取消了衬砌台车。

为了模拟滤筒式除尘器的负压效应及风幕通风机的风幕隔离效应，采用反吸通风机代替滤筒式除尘器，离心式鼓风机代替风幕通风机，两部通风机均布设于隧道外部，通风径路由管道联结。若直接采用通风机额定功率进行实验，则无法达到实验风速要求，因此采用调压器对通风机功率进行调节，以达到理想风速，降低实验的系统误差。隧道模型及风幕射流装置实体如图 4-3 所示。

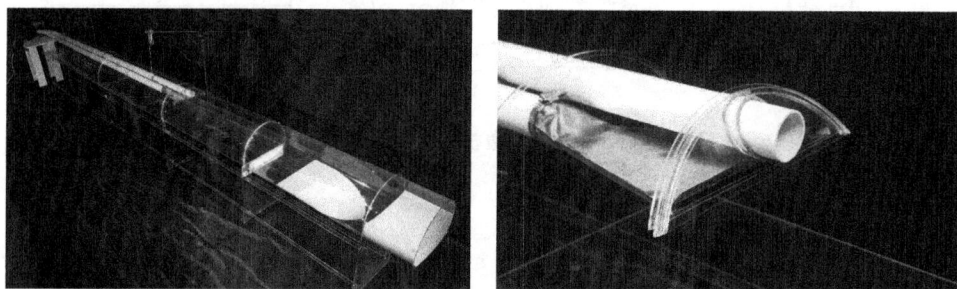

(a)隧道模型实体　　　　　　(b)风幕射流装置模型实体

图 4-3　隧道模型

模型隧道壁面及风幕射流腔均采用透明亚克力玻璃制作以便观察，仰拱、台阶等部位采用高密度雪弗板粘接制作，射流箱材料为 0.05 mm 厚 304 不锈钢，通风管道材质为硬质 PVC。模型各部位严格按几何缩尺比 1:43 进行缩减。

风幕腔体模型在隧道模型的基础上进行添加，尺寸参数如图 4-4 所示。模型尺寸参数如图 4-5 所示，图中尺寸单位为 m。为了考察风幕喷口宽度的变化对隔尘效果的影响，共设计 5 个不同宽度规格（1 mm、3 mm、5 mm、7 mm 和 9 mm）的喷口，实验中得出最优喷口宽度后将对应的射流腔在不同喷射角度下进行粉尘净化实验,射流腔与抽出式风管间及隧道模型壁面间的空隙采用密封胶泥进行封堵。

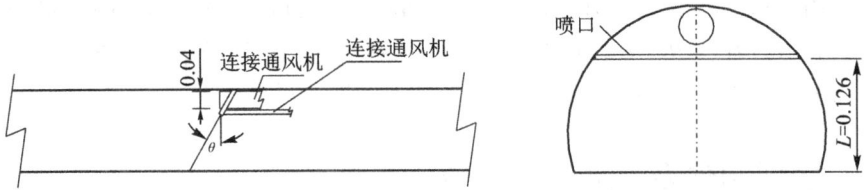

图 4-4　风幕腔体模型几何尺寸

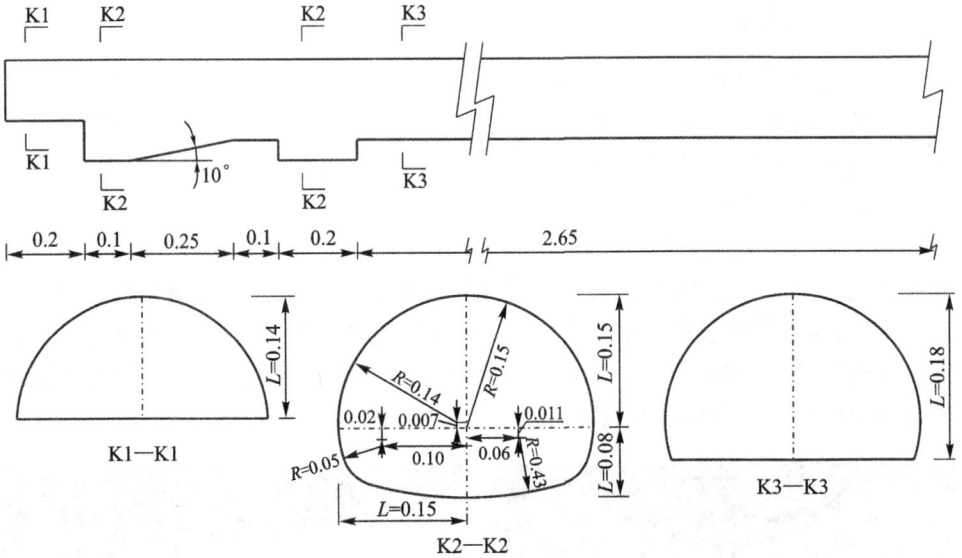

图 4-5　序岭隧道相似模型几何尺寸

4.5.2　实验材料与检测设备

（1）实验粉尘

现场通风实验时序岭隧道桩号段 DK75+940~DK76+390,根据《序岭隧道工程实施性施工组织设计》:该区域岩质坚硬,地质结构主要为石灰岩与白云质石灰岩,其中石灰岩(limestone)占比较大,其密度为 2300~3000 kg/m³。理想状态下模型中应采用序岭隧道掌子面爆破后的原始粉尘进行实验,但贵广高速铁路已于 2014 年 12 月开始运营,鉴于此,采用"TTDT-实验专用粉尘"作为实验粉尘对原始粉尘进行替代,该实验粉尘符合 GB/T 2423.37—2006La、IEC 68-2-68La 及 IEC 60529:2001 实验粉尘标准,分子式为 $3MgO \cdot 4SiO_2 \cdot H_2O$,含水率约为 4.75%,其形态为类白色、无砂性粉末,颗粒目数<200,颗粒粒径 δ 范围为 $2\ \mu m \leqslant \delta \leqslant 75\ \mu m$,密度 ρ 范围为 $2400\ kg/m^3 \leqslant \rho \leqslant 2800\ kg/m^3$。由相关属性参数可以看出,实验粉尘粒径范

围符合模拟粉尘粒径参数 2 μm<$\delta_{模}$<84.7 μm 的要求,其密度也与实际粉尘相近,据此可将 TTDT-实验专用粉尘作为相似模化实验的实验用尘。

（2）发尘器

为了检测不同宽度射流喷口条件下风幕对粉尘的隔离效应,各实验段中粉尘必须等流量释放,因此采用四氟活塞阀门的标准口 50 mL 恒压漏斗作为发尘器,从掌子面发尘孔进行粉尘的释放,实验时通过调节活塞阀门达到等流量释放的目的。风幕通风条件下粉尘净化实验时各实验段中恒压漏斗活塞阀门开启至最大释放位,进行一次性放尘,以此模拟掌子面爆破后的粉尘释放。

（3）通风机

实验采用两台通风机分别对接风幕通风管和抽出式通风管,压入式风幕通风机为九龙山牌 L-CZR-100 型离心式鼓风机;抽出式通风机为虾牌 Q1B-XP-2.5 型反吸通风机。各通风机参数如表 4-1 所示。

表 4-1　实验通风机参数

通风机型号	额定功率/ kW	风量/ (m³/min)	出/入风口直径/ m	出/入风口处风速/ m/s
L-CZR-100	0.1	1.3	0.045	3.41
Q1B-XP-2.5	0.6	2.5	0.045	6.55

（4）风机功率调节器

若直接采用通风机额定功率进行实验则无法达到最优风速要求,因此实验时采用四特牌 QE-2500 可控硅电子无极调压器对通风机功率进行调节,以达到理想风速。

（5）检测设备

实验采用的粉尘浓度测量仪器为 CCZ-1000 直读式激光粉尘仪,风速计量仪器为 GM8903 热敏风速计量仪,该仪器通过微型可弯折-伸缩式探头进行风速检测,对于狭小空间内风速的测量十分方便。粉尘浓度测量时仅采用仪器全尘检测探头对全尘浓度进行测量。各检测设备相关参数如表 4-2 所示。

表 4-2　实验通风机参数

仪器类型	测量范围	灵敏度	精度	重复误差
粉尘仪	总尘:0.1~1000 mg/m³ 吸尘:0.1~100 mg/m³	0.1 mg/m³	≤5% ≤2.5%	2.5%
风速仪	风速:0~30 m/s 风量:0~9.9×10⁵ m³/mim	0.001 m/s	±3% ±0.1	—

4.5.3 检测点布设

(1)粉尘浓度检测点

考虑到模型结构较小,模化实验中主要针对风幕通风方式的隔除尘效果进行分析,因此模型中仅在风幕两侧一定距离内对应人员呼吸带高度(根据几何缩尺计算得出模型内人员呼吸带高度为 0.035 m)上设置两个粉尘浓度检测孔,污染区检测孔 J_w、清洁区检测孔 J_q,当风幕射流喷口垂直于隧道底板设置时,检测孔 J_w、J_q 圆心距离喷口均为 0.4 m。CCZ-1000 直读式激光粉尘仪检测探头由检测孔插入后其粉尘入口距离模型底板高度约为 0.035 m,可直接进行粉尘浓度的测量。

(2)风速检测点

模型内风速检测目的主要是为通风机开启功率的大小提供参考,同时为大角度斜向冲击射流条件下射流主体段轴心线在隧道底板上落点偏移量的统计提供风速参考,因此模型内无固定风速检测点。例如通过热敏风速仪测定射流喷口处的风速,当其达到最优风速值时确定通风机的功率。

4.5.4 风幕隔烟演示实验

(1)风幕气流运动状态

风幕射流介质为空气,实验中不易观察,因此采用烟雾作为失踪剂进行实验。在风机吸风口处发烟,烟雾在气流作用下由风幕喷口喷出,形成可见风幕射流,如图 4-6(a)所示。

由实验照片可看出,风幕射流运动过程中卷吸两侧空气,风幕顺射流方向厚度不断增大,射流轴心向两侧烟雾逐渐变淡,这是由于射流与周围空气发生质量、动能交换时射流流速由轴心向两侧逐渐减小所致。实验演示中烟雾的运动状态与紊动射流原理相一致。

(2)风幕隔烟效果

为了观察风幕射流的隔离效果,同样采用烟雾作为失踪剂进行实验演示,如图 4-6(b)~(d)所示。图 4-6(b)反映了风幕射流未开启状态下烟雾的扩散状态,图 4-6(c)反映了射流喷口与地面垂直布设条件下烟雾的扩散状态,图 4-6(d)反映了射流喷口与地面夹角布设条件下烟雾的扩散状态。

对比风幕射流开启前后条件下烟雾的扩散状态,可以看出风幕射流对于烟雾具有良好的阻隔效应。

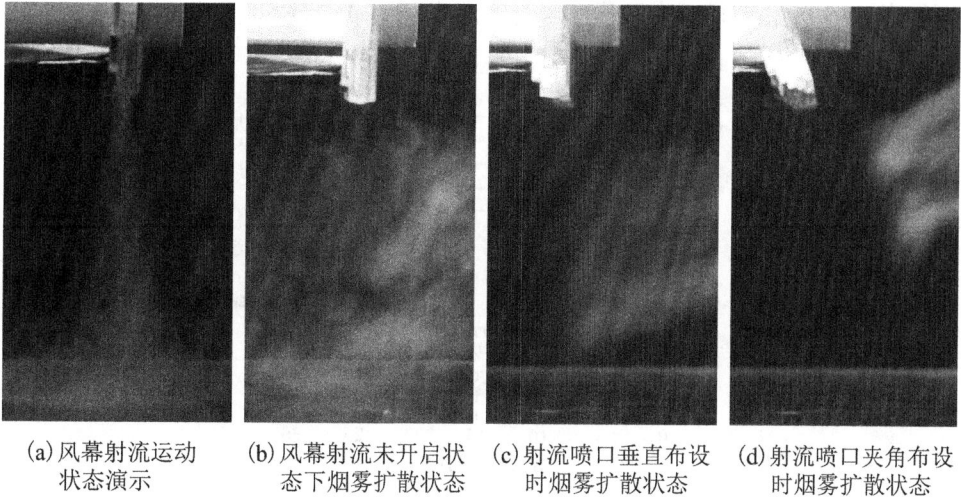

| (a)风幕射流运动状态演示 | (b)风幕射流未开启状态下烟雾扩散状态 | (c)射流喷口垂直布设时烟雾扩散状态 | (d)射流喷口夹角布设时烟雾扩散状态 |

图 4-6　风幕隔离效果演示实验

4.6　模型风幕隔尘实验效果分析

通过模型风幕隔尘实验可对喷口短边长度(喷口宽度)$d_{短}$、喷口处初始风速 v_0 等参数进行最优化比选。隔尘实验采用稳态法进行,即通风条件下对粉尘进行持续释放,以判断最优隔尘效果条件下各项参数的取值。

4.6.1　不同宽度喷口及风速条件下风幕隔尘效果

由于隔尘实验仅对射流两侧粉尘浓度作相对性比较,因此对吸尘口进行封堵后对粉尘进行连续性等流量释放,仅开启风幕进行粉尘隔离实验。为考察射流喷口在不同宽度及不同风速对风幕的隔尘效果的影响,实验时暂不考虑射流腔布设角度对隔尘效果的影响。设置射流垂直射向隧道地面喷射,即射流腔喷射角度为 $0°$,该条件下对模型内 5 个不同喷口宽度的风幕在不同风速条件下的隔尘效率进行测试,令检测点 J_q 上粉尘浓度为 a,检测点 J_w 上粉尘浓度为 b,则风幕两侧粉尘浓度比为 $a/b×100\%$,如图 4-7 所示。

(1)射流口宽度越大(宽度依次从 1 mm 至 9 mm),风幕两侧粉尘浓度比值越小,同时,喷口宽度等差增大的情况下,各宽度喷口两侧的粉尘浓度比曲线下降速率逐步减缓,尤其是喷口宽度由 5 mm 增大至 7 mm 和 9 mm 后,其各自对应的浓度比曲线分布相近。这一实验结果表明:风幕的隔尘效果随风幕喷口宽度的增加越来越好,但在风幕宽度增大到一定程度后其两侧粉尘浓度比下降不再明显。风幕喷口的增大在风幕射流腔的设计、制作及安装方面增大了难度,对风量的要求也有所提高。综上,相似模型内风幕喷口宽度设计为 5 mm 较适宜。

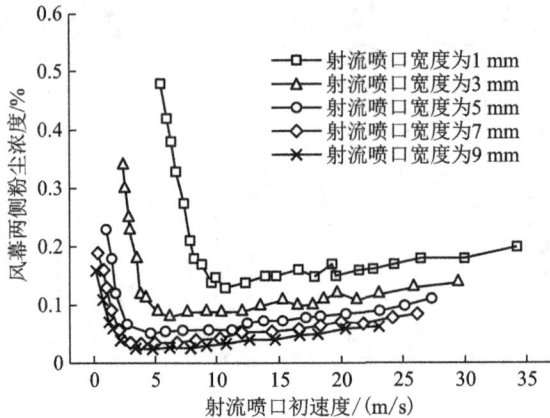

图 4-7　不同宽度喷口风幕在不同风速条件下的隔尘效率

（2）当射流喷口宽度一定时,提高射流喷口处风速初始速度可以持续降低风幕两侧粉尘浓度比,从而提升风幕的隔尘效果,这是由于风幕抗扩散能力随风速的增大而提高。同样,当射流初速度超过一定值时,风幕两侧粉尘浓度比开始出现反向增大势态。定义该速度临界值为 v_l,当风的初始速度 v_0 的范围为 $0 < v_0 \leqslant v_l$ 时,风幕的隔尘效果随 v_0 的增大而迅速提高;当风速初始速度突破临界值,即 $v_0 > v_l$ 时,风幕的隔尘效果随 v_0 的增大反而降低。由此可以看出,射流喷口宽度一定时,其喷口最优风速值即其临界速度值 v_l。出现该状况的原因可能是喷口初速度超过临界值 v_l 后,风幕在隧道掌子面方向的卷积效应随风速的增大而增强,部分被隔离的粉尘在卷积效应的作用下被吸入风幕,在风幕体内随射流运动后进入风幕隧道口方向冲击区,进入风幕体的粉尘量随卷积效应的增强而增多,进而当出现 $v_0 > v_l$ 时,风幕的隔尘效果随 v_0 的增大而降低,说明在射流喷口风速初始速度突破临界值后,决定风幕隔尘效果的关键因素不再是其抗扩散能力,而是风幕的卷积效应。

4.6.2　冲击壁面处最优风速值

根据不同喷口宽度及风速条件下风幕隔尘实验的相关数据,对不同喷口宽度风幕最优隔尘效果条件下喷口风速值进行统计,如图 4-8 所示。

模型射流喷口宽度依次为 1 mm、3 mm、5 mm、7 mm、9 mm 时,最优隔尘效果对应的喷口风速值分别为 10.68 m/s、6.15 m/s、4.63 m/s、3.87 m/s 和 3.45 m/s。在该条件下对喷口下方射流正向冲击壁面处（即射流轴心线与模型地板交界处）的风速值进行采集,结果如表 4-3 所示。

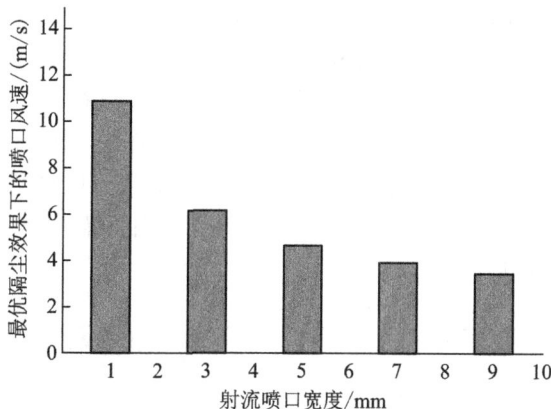

图 4-8　不同宽度喷口风幕在最优隔尘效果条件下的喷口风速

表 4-3　不同宽度喷口最优隔尘效果条件下射流正向冲击壁面处的风速值

喷口宽度/mm	1	3	5	7	9
喷口最优风速/(m/s)	10.68	6.15	4.63	3.87	3.45
射流正向冲击壁面处风速/(m/s)	1.65	1.63	1.61	1.60	1.58

　　由表 4-3 可以看出,不同宽度喷口最优隔尘效果条件下喷口风速值相差较大,但各自对应的射流正向冲击壁面处的风速值却相差较小,均在 1.58~1.65 m/s 范围内波动。喷口宽度越小,流自由混合区越窄,在较大风速条件下才能与大宽度喷口射流在正向冲击壁面处的风速基本持平。说明不同宽度喷口最优隔尘效果条件下射流冲击壁面处的风速值在 v_c = 1.6 m/s 左右较适宜。

　　模型实验中采用的粉尘与隧道粉尘属性基本相同,因此风速值 v_c 可用作一定风幕射流布设角度下喷口处风速初始速度 v_0 的修正指标。

4.7　最优射流角度实验效果分析

4.7.1　不同射流角度条件下风幕气流特点

　　射流腔布设角度与风幕射流轴心线指向具有一致性,风幕射流角的大小不仅影响风幕的隔尘效果,而且对风幕两侧风量分布及吸尘口的处理风量具有直接影响。若角度太小,则掌子面方面的气流卷积效应达不到要求,增加除尘时间;若角度太大,增加射流行程,可能无法形成风幕,或在吸尘口的影响下可能破坏风幕的完整性,进而加剧粉尘污染。因此模型实验时,在风幕喷口宽度为 5 mm、射流冲击

壁面处的风速值 $v_c = 1.6$ m/s 条件下分别以 5°、10°、15°、20°、25°、30°、35° 及 40° 作为喷口角度对风幕气流特点进行分析。

由于射流腔斜向冲击流的攻角与吸尘口的处理风量存在一定的函数关系,喷口角度实验时同时开启风幕及吸尘通风机进行联合作业,为了保证污染区内不产生正负压力差,吸尘口的处理风量应与斜向冲击流的分流风量基本保持相等。

斜向冲击流角度过大可能会在吸尘口负压的作用下破坏风幕的完整性,降低回流风量,如图4-9所示。

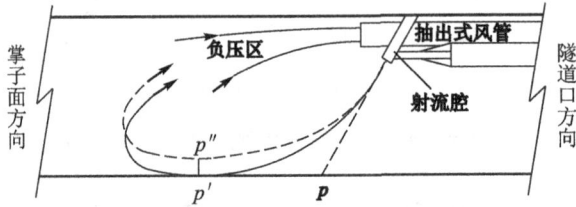

图4-9 大角度斜向冲击流负压条件下的运动状态

大角度斜向冲击射流在外部负压作用下会导致初始段轴心延长线在隧道底板上的落点 p 与射流轴心最大风速值 $v_c = 1.6$ m/s 时射流主体段轴心线在隧道底板上落点 p' 之间的偏移量 $L_p = |p-p'|$ 过大,通风过程中若风速不稳定,将发生 p' 向上位移至 p'' 的情况,造成粉尘从 p' 与 p'' 之间穿越。

对此,实验分为两阶段进行。一阶段实验:在不同射流角度下,当射流冲击壁面处的最大风速值 $v_c = 1.6$ m/s 时,检测射流喷口处风速初始值 v_0,并通过斜向冲击射流流量分配模型求解掌子面方向分流单位风量 Q_2,以此确定与 v_0 相匹配的吸尘口反吸风速 v_x。二阶段实验:不同射流角度下 v_0 与 v_x 匹配后检测偏移量 L 及回风风速 v_h。

(1)一阶段实验检测数据如表4-4所示。

表4-4 不同喷口角度条件下 $v_c = 1.6$ m/s 时对应喷口面积、风速及风量

喷口角度 $\theta/(°)$	5	10	15	20	25	30	35	40
喷口面积 S/m^2	0.0012							
喷口风速 $v_0/(m/s)$	4.55	4.58	4.63	4.71	4.84	4.98	5.11	5.28
喷口单位总风量 $Q_1/(m^3/h)$	19.66	19.79	20.00	20.35	20.91	21.51	22.08	22.81

由表4-4可以看出,当射流冲击壁面处的最大风速值 $v_c = 1.6$ m/s 时,喷口角度越大,喷口风量越大。通过式(3-30)斜向冲击射流流量分配模型对掌子面方向污染区内的单位分配风量 Q_2 及对应吸尘口反吸风速 v_x 进行计算,结果如表4-5所示。

表 4-5　不同喷口角度条件下 $v_c = 1.6$ m/s 时对应分配风量及吸尘口反吸风速

喷口角度 $\theta/(°)$	5	10	15	20	25	30	35	40
污染区分配风量 $Q_2/(\text{m}^3/\text{h})$	10.45	11.11	11.80	12.56	13.45	14.39	15.33	16.43
吸尘口反吸风速 $v_x/(\text{m/s})$	2.10	2.23	2.37	2.52	2.70	2.89	3.07	3.30

（2）二阶段实验

将一阶段实验结果中的 v_0 与 v_x 作为二阶段实验的初始条件进行射流轴心偏移量实验，实验结果如表 4-6 所示。

表 4-6　不同喷口角度条件下 $v_c = 1.6$ m/s 时对应射流轴心偏移量

喷口角度 $\theta/(°)$	5	10	15	20	25	30	35	40
射流轴心偏移量 L/m	0.007	0.008	0.011	0.014	0.021	0.028	0.041	0.057

以风速仪探头检测到底板风速 $v_c = 1.6$ m/s 时为射流轴心偏移量的计算点，实验中风速仪检测数据为非恒定的波动值，该波动值随喷口角度的增大而增大。说明在吸尘口负压条件下射流轴心偏移量 L 随喷口角度的增大越发不稳定，因此，表 4-6 中射流轴心偏移量 L 均为近似值。实际操作中偏移量不能太小也不能太大，太小将导致掌子面附近气流缓慢，不利于粉尘运动，增加除尘时间；太大则可能会在吸尘口负压的作用下形成循环气流，迫使风幕发生畸变，粉尘进入隧道。

根据斜向冲击射流流量分配模型对清洁区分流的单位风量 Q_3 进行计算，同时对模型隧道内回风风速 v_h 进行实测，结果如图 4-10 所示。

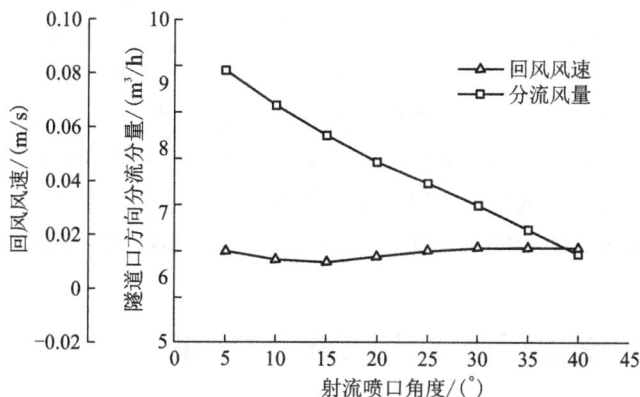

图 4-10　隧道口方向射流分流单位风量及隧道模型内回风风速

隧道口方向射流分流单位风量随喷口角度的增大而下降，由图 4-10 可以看出，分流风量变化对回风风速的影响甚小，这是喷口角度及喷口风速同步增大所致。

4.7.2 不同射流角度条件下风幕隔尘效果

为考察射流喷口角度不同时风幕的隔尘效果,实验中模型采用 5 mm 宽度喷口,不同角度下喷口风速 v_0 与吸尘口的反吸风速 v_x 匹配后对各自对应的隔尘效率进行检测。令清洁区一侧粉尘浓度为 a,污染区一侧粉尘浓度为 b,风幕两侧粉尘浓度比为 $a/b×100\%$,实测数据如图 4-11 所示。

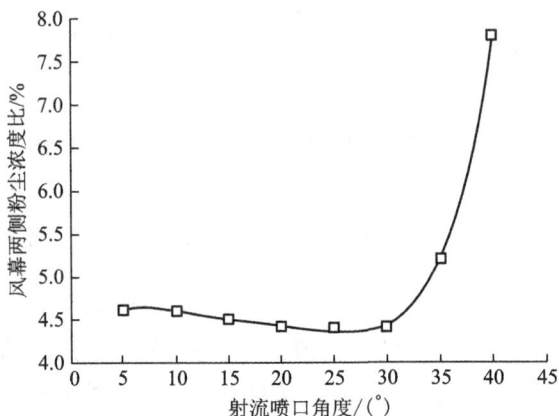

图 4-11 不同喷口角度风幕条件下的隔尘效率

当 $5°≤θ≤30°$ 时,风幕两侧粉尘浓度比曲线呈缓慢下降趋势,浓度比分布在 4.5% 附近,这是由于风幕气流流速随喷口角度的增大而增大,使得粉尘隔离效果更佳;当 $θ=20°$、$25°$ 和 $30°$ 时,风幕两侧粉尘浓度比最低,当喷口角度 $θ≥35°$ 时风幕两侧粉尘浓度比出现突变,$θ=35°$ 时粉尘浓度比为 5.2%,$θ=40°$ 时粉尘浓度比为 7.8%,说明喷口角度不能一味增大,其到达一定程度后风幕射流对粉尘的隔离效果将发生锐减。当喷口角度 $θ≥35°$ 时,在吸尘口负压的作用下,风幕射流与反吸气流形成不稳定的循环流,迫使风幕发生间歇性畸变,粉尘由风幕的畸变空隙进入隧道,该循环流随喷口角度的增大而越发稳定,风幕的畸变则逐渐趋于连续,破坏风幕的形态,致使粉尘进入隧道的数量不断提升。

综上,根据风幕隔尘实验数据的统计结果,风幕射流喷口角度范围 $θ$ 应满足 $20°≤θ≤30°$。

4.7.3 不同射流角度条件下风幕系统除尘效果

由风幕隔尘实验数据的统计结果可知,当风幕射流喷口角度为 $20°\sim30°$ 时,风幕两侧粉尘浓度比相对较低,取值较稳定。考虑到不同角度喷口配合吸尘设备条件下粉尘污染区内气流流速不尽相同,可能会导致风幕除尘系统在除尘效率及净化时间方面出现差异。因此,分别对风幕射流喷口角度为 $20°$、$25°$ 及 $30°$ 时的除尘效果进行实验,实验方案如表4-7所示。

表4-7 不同喷口角度条件下风幕系统除尘效率实验方案

方案 1		方案 2		方案 3	
$\theta=20°$		$\theta=25°$		$\theta=30°$	
$v_0/(\mathrm{m/s})$	$v_x/(\mathrm{m/s})$	$v_0/(\mathrm{m/s})$	$v_x/(\mathrm{m/s})$	$v_0/(\mathrm{m/s})$	$v_x/(\mathrm{m/s})$
4.71	2.52	4.84	2.70	4.98	2.89

注:表中 θ 为风幕射流喷口角度;v_0 为喷口风速;v_x 为吸尘口处风速。

根据相似模化粉尘量计算模型[式(4-27)~式(4-30)]求解得出模型内粉尘量 $D_{模}$ 取值约为 $2.88×10^{-5}$ kg=28.8 mg,考虑到 $t_{原}/t_{模}=170.28$,即非稳态情况下隧道原型中 1 h 内粉尘发生的动态变化,在对应模型中只需 21.14 s 即可完成。若按照以上数据取值,则观测时间太短,对粉尘释放的精度及检测仪器的精度要求极高,实验时很难检测到不同时间周期内粉尘浓度的演化规律。本小节仅对不同射流喷口角度条件下的粉尘净化效率进行研究,因此实验时统一增大粉尘量 $D_{模}$ 的取值,通过各方案同一周期时间内的除尘效率来比选最优喷口角度,实验时粉尘量 $D_{模}$ 统一取值为 $D_{模}=0.05$ kg,实测数据如图 4-12 所示。

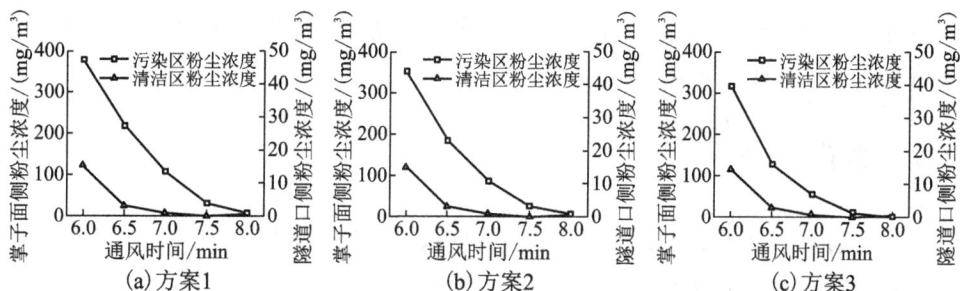

图 4-12 不同射流喷口角度条件下的粉尘净化效率

风幕通风条件下模型内各方案在不同时间周期内清洁区一侧的粉尘浓度值的变化较一致,而污染区一侧的粉尘浓度值变化相对较大,其中针对污染区一侧的粉尘浓度值方案 3 的降尘速率最高。故可判断风幕射流喷口的布设角度 $\theta=30°$ 为最优角度。

4.8 相似参数回归分析

(1)风幕射流喷口尺寸

参考序岭隧道断面的实际尺寸、风幕喷口下缘至拱顶中央垂直距离及条缝射流的形成条件可知,射流腔密贴隧道壁面设置后风幕射流喷口长边长度 $d_长 = 10.2$ m。由相似模型实验得出模型内风幕喷口最优短边长度 $d_{短-模} = 5$ mm,通过隧道原型与模型几何比尺 $\lambda = 43$ 计算得出隧道内风幕喷口最优短边长度 $d_短 \approx 0.2$ m。

（2）风幕射流喷口角度

通过相似模型实验得出,模型内风幕射流喷口角度 $\theta_模 = 30°$ 为最优角度,模型实验中采用的粉尘与隧道原型内粉尘属性基本相同,最优角度根据冲击壁面处最优风速值 $v_c = 1.6$ m/s、最优隔尘效率及最优降尘速率得出,故隧道原型内风幕喷口角度应与模型风幕喷口角度相一致,即 $\theta_原 = \theta_模 = 30°$。

（3）风幕喷口初速度

根据模型结构相似参数分析得出,序岭隧道中风幕射流喷口与隧道拱顶中央之间最佳距离为 2.6 m,距施工走行面 5.3 m;当最优喷口角度为 30° 时,通过三角函数公式求得射流喷口轴线延长线与施工走行面的截距为 6.24 m,即射流喷口至冲击壁面的距离 $s = 6.24$ m。由第 3 章式(3-9)射流主体段流速与射流喷口处速度之间的关系式,可对冲击壁面处最优风速值 $v_c = v_m = 1.6$ m/s 条件下的喷口处速度 v_0 进行求解,得出隧道原型内风幕喷口风量 $Q = 12.41$ m³/s,初速度 $v_0 = 5.17$ m/s。

（4）吸尘口风速

当隧道原型内吸尘管口直径为 1.8 m、风幕喷口初速度为 5.17 m/s 时,根据吸尘口处处理风量与斜向冲击流的分流风量相等的原则,通过式(4-21)求得隧道实体内吸尘口处风速值 $v_x = 3.26$ m/s。

4.9 本章小结

本章通过模化相似性实验对序岭隧道实验模型风幕通风设备最优参数及风幕隔尘除尘效果进行了分析,主要包括以下内容:

（1）对相似实验的自模性理论进行了阐述,对相似准则数的导出、气固两相流的单值条件及其化简、序岭隧道模型的结构及气固两相流介质的相似参数进行了分析;介绍了模型的制作与相关实验材料及检测设备,对风幕的隔烟效果进行了演示。

（2）通过相似性模化实验对风幕射流喷口不同宽度及风速条件下风幕的隔尘效果的分析,确定了相似模型内风幕喷口最佳宽度为 5 mm;同时,根据喷口不同宽度及风速条件下风幕隔尘实验的相关数据,确定了射流冲击壁面处的最优风速为 1.6 m/s;采用两阶段实验确定了在不同射流喷口角度下、最优风速条件下射流冲击壁面处检测射流喷口处的风速初始值及最优射流喷口角度范围;在最优风速值时,在不同射流喷口角度条件下对风幕对粉尘的隔尘效果进行了对比分析,确定了风幕射流喷口的最优设置角度。

（3）通过相似性模化实验,发现大角度斜向冲击射流在外部负压作用下会导致初始段轴心延长线在隧道底板上的落点与射流轴心最大风速时射流主体段轴心线在隧道底板上的落点之间出现偏移量,通风过程中若风速不稳定将发生偏移量过大的情况,进而导致粉尘穿越风幕污染清洁区。

（4）根据相似准则建立了相似模型内粉尘释放量计算模型,并通过隧道原型内岩体剥离量与产尘量之间的关系验证了相似准则数条件下该模型推导的正确性。

（5）根据相似模化模型的最优实验参数,对序岭隧道实体内的相关参数进行了回归性分析,确定了隧道实体风幕通风方式下射流喷口尺寸、喷口角度、喷口初速度及吸尘口风速值,为 Fluent 数值模拟提供数据参考。

第5章

粉尘扩散数值模拟及降尘率对比分析

计算流体动力学(computational fluid dynamics,CFD)是流体力学的一个分支,是近代流体力学、数值数学和计算机科学结合的交叉科学。它以电子计算机为工具,应用各种离散化的数学方法,对流体力学的各类问题进行数值实验、计算机模拟及分析研究,以解决各种实际问题。

5.1　研究意义

通过第4章"风幕通风方式模化相似性实验"得出了相似模型内风幕通风方式下各设备参数的最优组合,同时根据最优实验参数对序岭隧道实体内射流喷口尺寸、喷口角度、喷口初速度及吸尘口风速值等相关参数进行了理论上的回归性分析。为了进一步验证上述参数的合理性,本章将采用CFD-Fluent软件对传统压入通风方式及风幕通风方式各设备参数的最优组合条件分别进行数值模拟。首先,通过压入通风方式模拟与实测结果的动态对比,确定数值模拟在隧道粉尘模拟实验中的正确性及适用性,为数值模拟方法在风幕通风条件下模拟的准确性提供保障;其次,对两种通风方式条件下的粉尘运动进行动态数值模拟,以确定隧道流场内风流运动规律、浓度场内粉尘演化特点以及隧道污染区和清洁区粉尘浓度达标时间;最后,将两种通风方式下的非稳态模拟结果进行对比,判断两种通风方式除尘效果的优劣性。

5.2　CFD 简介及特点

1933 年英国 Thom 首次成功求解了二维黏性流体偏微分方程,CFD 便应运而生。此后,国内外很多专家学者分别用松弛方法、格林函数、极大值原理等方法求解了椭圆形微分方程,阐述并分析了有限差分方法和有限元方法,使 CFD 组建成为一门学科被广大转接学者认识和研究。由于早年受到计算机硬件、软件技术的发展以及复杂模型的限制,实际应用中遇到的很多复杂问题都难以利用 CFD 解决,限于基础研究阶段。随着科技的进步以及计算机软硬件的快速发展,CFD 技术也有了质的飞跃,尤其是各种复杂模型的提出,使 CFD 的应用范围更为广阔。目前 CFD 技术已经广泛应用到航空、航天、气象、船舶、水利、化工、机械制造、环境等领域,以解决实际工程问题。工作中 CFD 技术可以解决和优化很多实际问题,具体有以下几方面的优点:

①对于未形成的模块或者模型,如受到现场条件的限制,产品的制造具有性能未知性,直接生产可能出现废品或者缺陷产品,通过 CFD 技术进行模拟,可得出相关参数与不足,进而对设计方案进行改造与完善;②通过 CFD 技术可以在短时间内研究多种方案,并可对各方案进行对比分析,实际现场实验则需要较长时间,可根据真实环境提供气固液各种物理变量的参数,而且不会受到其他条件的影响;③根据实际被模拟对象的条件,建立同尺寸、同温度等的模拟模型,无限逼近实际状态;④如果在模拟过程中出现问题,可以进行数据参数的修改以修正模拟状态,以适应各种静态条件与动态条件。

现场实验与数值模拟相辅相成,从产品设计到生产具有不确定性,设计中如果出现缺陷或不足将会造成成本和时间的巨大浪费;数值模拟可以在设计前进行模拟实验和测试,找出问题和不足,对设计方案进行改造与完善,避免资源浪费。对此,针对很多复杂、多元化的问题,常采用数值计算的方法加以解决。

利用 CFD 技术研究施工隧道内粉尘气体的流动规律,除满足有关守恒平衡定律的流体力学三个基本方程(连续性方程、动量守恒方程和能量守恒方程)外,还需利用湍流模型、离散模型以及对模型边界条件的确定。本书所采用的三维建模软件为 Solidworks 2013,网格划分软件为 ICEM 15.0,模拟求解软件为 ANSYS-Fluent 15.0,后处理软件为 Tecplot 2013R1。

5.3　气固耦合流动力学模型

5.3.1　模型求解的基本假定

在工程研究中,针对复杂、烦琐的实际问题建立数学模型并求解时必须对问题进行合理的简化,突出问题的主要因素,忽略次要问题,压缩计算量,降低计算机的负荷。对此,建立隧道气固耦合流动力学模型时需要进行 4 种条件假定[176]:

(1)为表征隧道内空气参数关系,计算时假定隧道内气流满足理想空气状态。

(2)隧道内空气为不可压缩空气。

(3)隧道内气流为稳定流。

(4)隧道内空气流动符合连续性规律。

5.3.2　气固两相流控制方程

粉尘的扩散模型可以分成 3 类:经验模型、工程应用模型和研究模型。经验模型和工程应用模型具有计算简单、易于运行、应用方便的特点,但是结果与实际状态有一定的误差,不能得到扩散的细节情况,不适用于复杂地形和障碍物存在情况下的扩散。为了得到粉尘扩散的细节,本书采用研究模型即气固两相流模型进行解算。

粉尘颗粒在隧道中的运动,可以看作粉尘在有限空间内风流中的运动,本质上属于气固两相流的范畴。两相流模拟计算中常采用的模型包括离散模型、混合模型、欧拉模型、VOF 模型等。施工隧道内风流的模拟中涉及紊流运动,故采用标准二阶 k-ε 双方程模型;粉尘的扩散模拟中采用离散项(discrete phase)模型;气固耦合运动模拟时采用上述两模型联合求解[177]。

(1)气相控制方程

施工隧道内空气运动可以通过以下方程进行描述:

①连续方程:

$$\frac{\partial}{\partial x_i}(\rho u_i) = 0 \tag{5-1}$$

②时均方程:

$$\frac{\partial}{\partial x_j}(\rho u_i u_j) = -\frac{\partial p}{\partial x_i} + \frac{\partial}{\partial x_j}\left[\mu\left(\frac{\partial u_i}{\partial x_j} + \frac{\partial u_j}{\partial x_i} - \frac{2}{3}\delta_{ij}\frac{\partial u_i}{\partial x_i}\right)\right] + \frac{\partial}{\partial x_j}(-\rho u_i' u_j') \tag{5-2}$$

③k 方程(紊流脉动动能方程):

$$\frac{\partial}{\partial x_i}(\rho k u_j) = \frac{\partial}{\partial x_i}\left[\left(\mu + \frac{\mu}{\sigma_k}\right)\frac{\partial k}{\partial x_j}\right] + G_k + G_b - \rho\varepsilon - Y_M + S_k \tag{5-3}$$

④ε 方程(紊流脉动动能耗散率方程):

$$\frac{\partial}{\partial x_j}(\rho\varepsilon u_j) = \frac{\partial}{\partial x_j}\left[\left(\mu + \frac{\mu}{\sigma_\varepsilon}\right)\frac{\partial\varepsilon}{\partial x_j}\right] + \rho C_1 S_\varepsilon - \rho C_2 \frac{\varepsilon^2}{k + \sqrt{v\varepsilon}} + C_{1\varepsilon}\frac{\varepsilon}{k}G_b + S_\varepsilon \tag{5-4}$$

式中:　　　　k —— 紊流脉动动能;

ε —— 紊流脉动动能耗散率;

G_k —— 速度梯度引起的紊流动能;

G_b —— 浮力引起的紊流动能；

Y_m —— 可压缩流中过渡扩散引起的波动；

C_1、$C_{1\varepsilon}$、C_2 —— 衍生紊流系数，是表征流动气体中粉尘浓度扩散的速率系数，取值为常数，$C_1 = 0.15$、$C_{1\varepsilon} = 1.44$、$C_2 = 1.9$；

σ_k、σ_ε —— k、ε 方程为紊流 Prandtl 数，取值为常数，$\sigma_k = 1.0$，$\sigma_\varepsilon = 1.2$。

（2）固相控制方程

Fluent 中通过积分拉式坐标系下颗粒作用力微分方程求解离散项颗粒的运动轨迹。粉尘颗粒运动相对雷诺数 Re 为：

$$Re = \frac{\rho d_p \mid u_p - u \mid}{\mu} \tag{5-5}$$

式中：ρ —— 流体密度；

u —— 流体运动速度；

d_p —— 粉尘颗粒直径；

u_p —— 粉尘颗粒运动速度；

μ —— 流体动力黏度。

颗粒上作用力的平衡方程在笛卡尔坐标系内的形式（x 方向）可以表述为：

$$\frac{\mathrm{d}u_p}{\partial t} = \frac{18\mu C_D Re}{24\rho_p d_p^2}(u - u_d) + \frac{g_x(\rho_p - \rho)}{\rho_p} + F_x \tag{5-6}$$

式中：ρ_p —— 颗粒密度；

C_D —— 曳力系数；

F_x —— 其他作用力。

对于球形颗粒，曳力系数 C_D 可通过下式求得：

$$C_D = \frac{24}{Re}(1 + b_1 Re b_2) + \frac{b_3 Re}{b_4 + Re} \tag{5-7}$$

式中：$b_1 = \exp(2.3288 - 6.4581 + 2.4486\omega^2)$；

$b_2 = 0.9964 + 0.5565\omega$；

$b_3 = \exp(4.9050 - 13.8944\omega + 18.4222\omega^2 - 10.2599\omega^3)$；

$b_4 = \exp(1.4681 + 12.2584\omega - 20.7322\omega^2 + 15.8855\omega^3)$。

式（5-7）由 Haider & Levenspiel 模型[178]得出，b_i 中 ω 为颗粒的形状系数，表述为：

$$\omega = \frac{s}{S} \tag{5-8}$$

式中:s——与实际颗粒具有相同体积的球形颗粒的表面积;

S——实际颗粒的表面积。

式(5-6)中 F_x 表示作用在颗粒上的其他力,在对施工隧道粉尘扩散运移特性进行模拟计算时,F_x 主要包括附加质量力 F_{x1} 和压力梯度下的附加作用力 F_{x2}。

附加质量力是由迫使颗粒周围流体加速而引起的附加作用力,其表达式为:

$$F_{x1} = \frac{\rho}{2\rho_p} \frac{\mathrm{d}}{\mathrm{d}t}(u - u_p) \tag{5-9}$$

压力梯度下的附加作用力 F_{x2} 表达式为:

$$F_{x2} = \left(\frac{\rho}{\rho_p}\right) u_p \frac{\partial}{\partial x} \tag{5-10}$$

5.4 隧道几何模型建立

5.4.1 施工隧道几何模型建立

以序岭隧道钻爆法施工为研究对象,结合现场情况及实际模拟的需要建立模型。模型隧道尺寸参照序岭隧道实际尺寸,隧道内部主要设备包括通风风管、衬砌台车、仰拱模板台车、仰拱栈桥等。为了方便模型建立及模拟计算,本节对几何模型计算区域进行相关的简化,简化方式如下:

(1)隧道掌子面爆破后有害物质对施工工作区域影响最大,为了简化计算,建立模型时隧道模拟区域长度为爆破掌子面后方 150 m,即施工作业区域。

(2)隧道内通风管道简化为圆柱体或圆柱体的组合体。

(3)衬砌台车结构复杂,在建立模型时不利于网格的划分,后期计算耗时长,计算机内存占用大。因此,在建立衬砌台车模型时根据实际情况,其下部施工通道区域与实际情况相同,四周结构空间相对简化。

(4)其他设备(水管、电缆、施工设备及运输车辆)忽略不计或简化为平面。

根据实际尺寸数据,利用 Solidworks 软件建立序岭隧道施工作业区三维模型,风幕通风系统的尺寸参照相似参数回归分析中得出的数据进行建模。面向掌子面时,定义以左手方向处掌子面、隧道壁面及隧道底板三者的交点为原点,隧道宽度方向为 x 轴正方向,高度方向为 y 轴正方向,沿程方向为 z 轴正方向。将模型导入 ICEM 软件进行网格划分及边界条件定义。压入式通风及风幕式通风条件下序岭隧道三维模型及流场空间尺寸参量如图 5-1 所示。

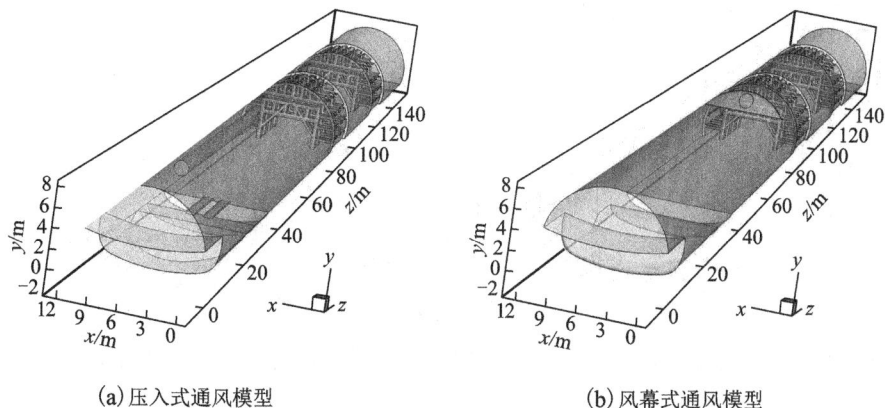

（a）压入式通风模型　　　　　　（b）风幕式通风模型

图 5-1　序岭隧道三维模型及流场空间尺寸参量

5.4.2　几何模型网格划分

　　隧道空间内流场计算区域巨大,外壁面几何结构复杂而内部空间相对规则。根据这一特点,同时为了便于解算数据的传递,节省求解时间保持计算精度以及减少计算机资源的占用,采用计算性能较好的混合结构 6 面正方体结构网格（Hexa）对整个模型进行结构划分,壁面边界层和通风管道壁面采用棱柱网格（Prism）进行加密处理,两者间过渡层用 4 面体非结构化网格（Tetra/mixed）进行联结。

　　网格首次划分时采用 4 面体非结构化网格,二次划分时将隧道内非结构化网格转化为结构化网格。结构化转换后序岭隧道内部流场空间内的网格内部剥离剖面如图 5-2 所示,网格划分质量如图 5-3 所示。

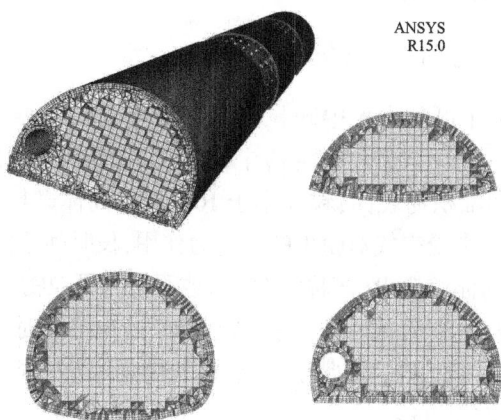

图 5-2　序岭隧道三维模型网格剥离剖面图

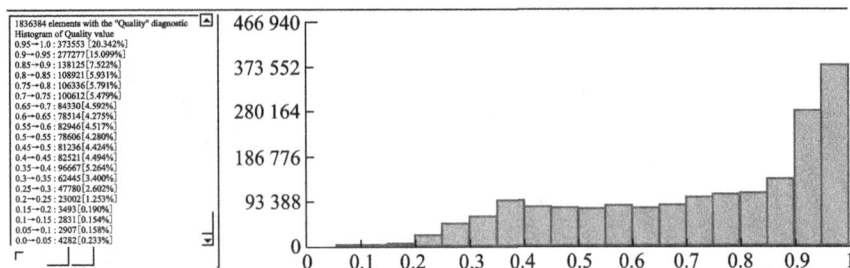

图 5-3　模型网格划分质量检测数据图

由图 5-3 可以看出,网格计数范围接近 1 的单元占比非常大,表示网格质量优良。

5.5　模型流场及粉尘浓度场初始条件分析

5.5.1　初始风速

隧道掌子面爆破后开启通风系统进行空气净化,整个净化过程中风速恒定,分析不同时间段的风流场没有意义,因此对风流场进行模拟解算时采用稳态模式(time:steady)。风流场内流体介质定义为理想状态(标准大气压)下的空气,其密度为 1.205 kg/m³。压入式通风模式下,在通风系统高速挡运行一段时间风速稳定后,通风管出风口实测风速为 13.4 m/s,流动方向由通风管出风口流向掌子面,垂直于掌子面,攻角为 0°。根据优选方案,风幕式通风条件下风幕射流喷口初速度为 5.17 m/s,与隧道横断面夹角为 30°。

5.5.2　初始产尘量与粉尘粒径分布

粉尘按照粒度大小可分为大中颗粒落尘和微小颗粒悬浮尘。一般情况下,大气中粒径大于 10 μm 的固体微粒称为落尘,在重力作用下可在短时间内随自身重力沉降在隧道内周和堆积物表面;粒径小于 10 μm 的固体微粒称为浮尘,由于浮尘粒径微小,在弥散过程中受空气对粉尘的黏着力作用,长时间不能随自身重力沉降而悬浮在空气中,也称为浮游粉尘(简称"浮尘")或可吸入颗粒物[179,180]。

空气流动速度为序岭的条件下,粉尘粒径小于 10 μm 时,自由沉落时间均在 264 s 以上。由此可以判断,隧道在掌子面爆破后,作业区无风条件时间段内粒径小于 10 μm 的浮尘均不会发生沉落。

隧道内粉尘分散粒径是描述掌子面凿岩钻孔、爆破等作业之后岩体的破碎程度,表示某粒级的粉尘量占粉尘总量的百分比。粉尘分散粒度有两种表示方法:重量百分比和数量百分比。通风实验隧道爆破掌子面桩号为 DK76+211,根据《隧道工程实施性施工组织设计》,该区域地质结构主要为石灰岩与白云质石灰岩,岩质坚硬,对此,为了便于表述,下文中的粉尘特指石灰岩粉尘。

石灰岩,亦称灰岩,岩质坚硬,是一种以方解石为主要成分的碳酸盐岩,按成因分类属于沉积岩。石灰岩(limestone)密度为 2300~3000 kg/m³,摩尔硬度为 3,根据《铁路粉尘作业场所 36 种粉尘粒度质量分布特性研究》[181]中各粉尘作业场所中隧道施工粉尘粒径分布分析,隧道施工作业中不同粒径石灰岩浮游粉尘分散度如表 5-1 所示。

表 5-1　隧道施工作业中不同粒径石灰岩浮游粉尘分散度

粉尘种类	石灰岩									
粉尘粒径/μm	<0.8	0.8~1	1~2	2~3	3~4	4~5	5~6	6~7	7~8	8~9	>9
分散度/%	15.38	4.03	17.22	13.37	10.07	8.79	7.51	6.05	6.59	8.06	2.93

无风条件下,通过实测数据拟合出隧道掌子面爆破后产尘量 $M_s \approx 2.288$ kg,结合石灰岩浮尘分散度可得出隧道上台阶掌子面爆破时各粒径分布的粉尘量。由于浮尘分散度统计过于细化,直接导入计算模型求解会导致计算量巨大,造成内存的浪费。因此,将灰岩浮尘归纳为 3 种粒径分布,如表 5-2 所示。

表 5-2　隧道上台阶掌子面爆破后各粒径分布的粉尘量计算值

粉尘总量/kg	2.288		
粒径范围/μm	0<d<1	1≤d<9	9≤d
平均粒径/μm	0.5	3	7.5
粒径分布/%	19.41%	77.66%	2.93%
产尘量/kg	0.444	1.777	0.067

5.6　模型求解器设置

5.6.1　模型求解逻辑关系分析

隧道风流场内风流矢量关系变化相对恒定,几乎不随时间产生演化,在对风流场模型进行分析时,Fluent 求解器可以通过定常模型(稳态模型)直接进行解算,得出流场内各位置上的风速、风向特点。但隧道粉尘浓度场在通风系统作用下将随时间产生演化,为了研究不同时间段隧道内粉尘浓度的演化特点以及降尘时间等指标,在对粉尘浓度场模型进行分析时,Fluent 求解器应当采用非定常模型(瞬态模型)进行解算。

考虑到序岭隧道掌子面爆破前关闭通风系统,待爆破完成后开启通风系统进行掌子面供风的实际情况,这里针对压入式通风条件下粉尘浓度场模型求解逻辑进行阐述。通风系统开启后新鲜空气由通风机至风管出风口处的总运行时间约 77 s(参见第 3 章粉尘浓度场检测方案),在该时间段内掌子面释放出的粉尘伴随爆破冲击波发生自由沉降、弥散,掌子面爆破 77 s 后弥散状态粉尘受压入空气影响随气流运动发生迁移。综上所述,在求解粉尘浓度场模型时应当分两阶段进行。

第一阶段,在隧道内未通风的情况下(风管出风口处风速为 0 m/s)对掌子面爆破后粉尘的释放进行模拟解算,根据现场实际情况设置迭代步长,使粉尘在隧道内运动 77 s 后结束解算,保证机械通风介入前隧道内的粉尘量为 2.288 kg。

第二阶段,修改风管出风口边界条件的速度参数(通风系统供风后风管口处实际风速),将第一步得出的解算结果作为通风状态下粉尘演化规律模拟的初始值继续进行迭代解算,即解算前模型不再进行初始化。

风幕通风条件下气流不需要通过通风管道长距离传送,掌子面爆破完毕、风机开启后即可保证施工作业区供风,因此可直接对粉尘浓度场模型进行求解。

5.6.2　风流场模型求解器参数设置

一般情况下,考虑到流体密度变化带来的影响,当流体流动马赫数 $Ma>0.3$(102 m/s)时须把流动作为可压缩流动处理[182]。隧道中气固介质流动的速度远低于 102 m/s,可将空气流动视作不可压缩流动,选择基于压力法的求解器 Pressure-Based Solver,该求解器擅长求解低速不可压缩流动问题,其采用压力修正算法,求解控制方程为标量形式。隧道风流场内风流矢量关系变化相对恒定,在对风流场模型进行分析时,Fluent 求解器可以通过定常/稳态模式(Steady)直接进行解算。隧道流场求解时不涉及绕流、流体可压缩性和剪切流传播等问题,因此可以选择在工业流场和热交换模拟中使用广泛、有合理精度的标准二阶 k-ε 双方程模型。该模型应用多,计算量适中,其收敛性和计算精度能满足一般工程的解算要求。

5.6.3　粉尘浓度场模型求解器参数设置

粉尘浓度场内粉尘介质逸散速度由隧道内气流决定,故粉尘浓度场求解器选择时与风流场相同。粉尘浓度场在通风系统作用下将随时间产生演化,在对粉尘浓度场模型进行分析时,Fluent 求解器应当采用非定常模式/瞬态模式(Transient)进行解算。考虑到粉尘在疏散过程中受到重力影响发生沉落,模型求解时重力加速度设置为 9.8 m/s²,指向为重力方向。湍流模型的选择与风流场相同,采用标准二阶 $k\text{-}\varepsilon$ 双方程模型,同时开启模型离散项以研究固体粉尘在空气流条件下的演化特点。

5.6.4　流场介质参数设置

模型求解涉及连续介质(空气)与离散颗粒(粉尘)的耦合运动,研究时将空气视作一种连续的单相流介质,即空气由连续的质点构成,流场空间内任意位置都被流体质点占据,质点间不存在间隙。空气中粉尘颗粒尺寸相对较大,在空气中分布不均,彼此之间存在碰撞与摩擦,将其视作离散颗粒。序岭隧道掌子面爆破时,施工作业区实测平均温度为 27.5 ℃,标准大气压下其对应的空气密度 $\rho = 1.177$ kg/m³,其动力黏度 $\mu = 17.9 \times 10^{-6}$ kg/(m·s)。序岭隧道洞身地质以灰岩、白云质灰岩为主,中厚层至厚层状,岩质坚硬,离散颗粒定义为石灰岩粉尘,密度为 2300 ~ 3000 kg/m³,取均值 $\rho = 2650$ kg/m³。

5.6.5　尘源参数设置

模型离散项内掌子面释放粉尘(injection)初始条件设置如表 5-3 所示。

表 5-3　模型离散项内掌子面释放粉尘初始条件设置

Injection Name(释放物名称)	Limestone(石灰岩)
Injection Type(释放类型)	Surface(表面)
Release from Surface(释放面)	Working face(掌子面)
Drag Law(拖曳法则)	Nonspherical(非球体)
Start Time(起始时间)/s	0
Stop Time(结束时间)/s	77
Diameter(颗粒粒径)/m	Total Flow Rate(质量流率)/(kg/s)
5.0×10^{-7}	0.005766
3.0×10^{-6}	0.014688
7.5×10^{-6}	0.009247

　　掌子面爆破时粉尘污染物的排放属于瞬时排放,排放时间由炮眼分布、用药量、起爆方式以及掌子面岩层裂隙状态和湿润状态决定,受现场施工条件限制,很难进行测量统计。因此,在确定粉尘排放初始条件时,可以假定施工作业区无风时间内粉尘持续排放,以此求得其质量流率。由于掌子面释放的粉尘总量已确定,因此不会对最终解算结果造成影响。

　　粉尘质量流率 k_m:

$$k_m = \frac{Q}{t} \tag{5-11}$$

式中: k_m —— 粉尘质量流率,kg/s;

　　　Q —— 隧道掌子面粉尘释放量,kg;

　　　t —— 粉尘释放时间,s。

　　气固悬浮体流动中不同尺寸颗粒具有不同动力学特征,球形颗粒直径可以用球体直径表示,但工程实际中涉及的颗粒大部分为形状不规则的颗粒,因此在对粉尘物理特性进行设置时,拖曳法则选择"非球体"。

5.6.6　气固两相流离散项模型设置

　　气固两相流是气体(空气)中夹带固体颗粒物状态下的流动[183],序岭隧道掌子面爆破后模型离散项(Discrete Phase)模型参数设置如表5-4所示。

表5-4　气固两相流离散项参数设置表

Discrete Phase Model(离散项模型)	Define(模型设定)
Interaction with Coutinuous Phase(连续相关)	On(开启)
Number of Coutinuous Phase Iterations per DPM Iteration(迭代次数)	10/步[-1]
Max. Number of Steps(最大步数)	200000
Unsteady Particle Tracking(非稳态粒子跟踪)	On(开启)

　　相关耦合频率表示模型求解时,连续相(空气)和离散相(粉尘)之间相互影响,每10步更新一次粉尘颗粒轨迹;最大步数是指求解颗粒轨道时允许的最大时间步数,当某个颗粒轨道计算达到此时间步数时,求解器自动中止此颗粒的轨道计算。

5.6.7　模型边界条件参数设置

　　流场模型是一系列单元的集合,模型求解就是在其内部求解所有的激活方程。确定其唯一解就要求必须提前指定从边界进入流场(流体域)的质量流量、动能或能量等变量。隧道流场(风流场和粉尘浓度场)模型边界条件的设置参数如表5-5、

表 5-6 所示。

表 5-5　压入式通风方式模型边界条件设置参数表

边界名称	对应模型位置	边界条件	参数	
Inlet（入口）	通风管出口	Velocity-inlet（速度入口）	Velocity Magnitude（速度值）	13.4 m/s
			Turculent Intensity（湍流强度）	10.08%
			Hydraulic Diameter（水力直径）	1.8 m
Work（工作面）	掌子面	Wall（壁面）	No Slip(无滑移)	
Out（出口）	模型出口	Symmetry（对称边界）	—	
Other（其他）	剩余壁面	Wall（壁面）	DPM Condition：Reflect（DPM 条件：回弹）	

表 5-6　风幕通风方式模型边界条件设置参数表

边界名称	对应模型位置	边界条件	参数	
Inlet（入口）	风幕喷口	Velocity-inlet（速度入口）	Velocity Magnitude（速度值）	5.17 m/s
			Turculent Intensity（湍流强度）	3.66%
			Hydraulic Diameter（水力直径）	0.39 m
Suck（吸口）	吸尘口	Velocity-inlet（速度入口）	Velocity Magnitude（速度值）	3.26 m/s
			Turculent Intensity（湍流强度）	3.2%
			Hydraulic Diameter（水力直径）	1.8 m

风幕通风方式模型中,其他边界条件与表5-6相同。粉尘初始浓度现场采集时隧道处于无风状态,粉尘初始浓度模型内通风管出口速度设置为零,求解完毕后速度值修正为机械通风条件下通风管/风幕喷口处风速值并进行下一步求解。

当管道为圆形时水力直径与其直径相同,管道为非圆形时水力直径 D_H 由下式求得:

$$D_H = 4\frac{S}{L} \tag{5-12}$$

式中:S —— 流体通过断面湿周的面积,m^2;

$\quad\quad L$ —— 流体通过断面湿周的周长,m。

湍流强度 I 由以下公式计算得出:

$$I = 0.16(Re)^{-0.125} \times 100\% \tag{5-13}$$

其中:

$$Re = \frac{\rho \cdot v \cdot D_H}{\mu} \tag{5-14}$$

式中:Re —— 雷诺数;

$\quad\quad \rho$ —— 流体密度,kg/m^3;

$\quad\quad v$ —— 流体流动速度,m/s;

$\quad\quad \mu$ —— 流体动力黏度,$kg/(m \cdot s)$。

通风条件下掌子面与流体之间不存在相对滑动,故模型内掌子面边界条件定义为无滑移模式(No Slip)。模型只针对施工作业区进行模拟,建立模型时隧道模拟区域长度为爆破掌子面后方150 m,模型内出口不能代表实际隧道口,仅代表隧道内某一断面,该断面两端流场完全相同且流动属性具有传递性,因此模型出口边界条件定义为对称边界(Symmetry)。通风条件下,隧道壁面对隧道内粉尘捕捉收集效用很弱,可以忽略,气流作用下部分粉尘经过壁面时会发生回弹,之后继续随气流逸散。对此,隧道壁面边界条件离散项(DPM)定义为回弹(Reflect)。

5.6.8 迭代次数设置与模型求解时间步长

(1)风流场模型迭代次数

风流场模型求解时采用稳态模型,其迭代次数基于求解结果是否收敛,若未收敛则继续进行迭代。

(2)粉尘浓度场模型迭代时间步长

非定常模型解算时,时间步长若设置太小会造成计算时间过长,设置太大则会导致库朗数(global courant number)飙升进而出现迭代解算中断。目前确定非定常模型迭代时间步长的方法有两种：一是以模型特征长度除以特征速度（场内流的平均流速）所得的时间 t 为准基，以将其缩小一个量级或者更多后所得的值作为时间步长。实际求解过程中必须采用工作站运行，若用普通计算机解算则需占用大量资源，而且解算时间过长。通常在 Fluent 中选定 t 值的 $1/10 \sim 1/5$ 作为时间步长。二是参考Fluent 帮助文献，利用 Fluent 内自适应（Adaptive）功能模块，让其自动定义时间步长后进行迭代，如果在迭代次数内未发生收敛就逐步减小时间步长，反之则增加时间步长，但该方法的试测时间久，不适宜解算时间过长的模型。因此，序岭隧道粉尘浓度场模型解算时采用第一种方法来确定迭代时间步长。模型特征长度 $L_{特征} = 150$ m，根据现场实测数据，压入式通风条件下流场内最高风速 $v_{高} = 13.4$ m/s，最低风速 $v_{低} = 0.1$ m/s，均速 $v_{均} = 6.75$ m/s，$t = L_{特征}/v_{均} = 22.22$ s。选定 t 值的 $1/10$ 作为时间步长，为了计算方便以及解算更加精确，时间步长设置为 2 s。

（3）非定常模型解算时各参数之间逻辑关系

非定常模型初始化完毕后进行迭代解算前主要设置的参数有三项：时间步长（time step size）、步长数量（number of time step）和最大迭代次数（max iterations）。假定模型求解时时间步长设定为 s，步长数量设定为 n，最大迭代次数设定为 m。其意义可以表述为：流场内介质运行 s 秒需求解器迭代解算 m 步；当每步解算都收敛时求解器解算到第 $s \times n$ 步后自动终止。

5.7　压入式通风条件下流场及浓度场数值模拟

5.7.1　流场内风流运动规律

为了更清晰地描述通风条件下流场内风流运动规律，将不同速度下隧道沿程方向（z 轴）上风速 ISO 等值面予以显示，如图 5-4 所示。

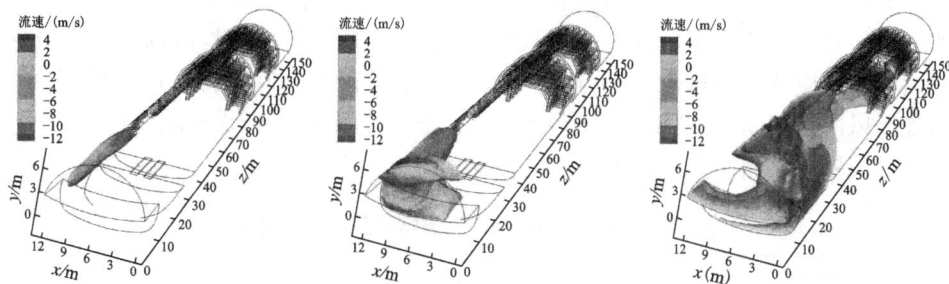

图 5-4　压入式通风条件下流场内风流运动速度等值面图

图 5-4 可看出：风流从通风管道口释放出后速度随运行距离的增大而递减，抵

达下部台阶断面后以旋流的形式向上部台阶掌子面运动。由于通风管道贴合隧道一侧壁面设置,迫使压入式气流在上台阶掌子面上的压力出现偏移,同时,气流受到掌子面和隧道壁面的约束形成回流,回流呈大螺距旋流,向隧道口方向运行。距离掌子面越远回流速度变化越小,流向趋于稳定。

5.7.2　风速风向解算结果

在定常模型解算结果收敛后,流场内气流的运动状态稳定,基本不发生变化,此时流场内相关数据稳定可靠,精度较高。在模型内建立与序岭隧道实测点对应的模拟数据检测点后进行数据导出,如表 5-7 所示。

表 5-7　现场各风速检测点在模型内对应位置上的风速值

检测断面	模型内相应下层检测点					模型内相应上层检测点				
	1	2	3	4	5	6	7	8	9	10
a′	—	—	—	—	—	1.144	1.243	1.923	1.581	0.2
a	3.662	3.465	3.086	3.096	2.852	4.528	2.974	2.734	2.639	2.714
b	6.438	1.648	0.477	0.522	1.431	3.559	0.908	0.997	0.633	1.716
c	6.412	1.035	0.61	0.151	0.326	5.497	1.615	0.589	0.229	0.182
d	0.212	0.586	0.333	0.202	0224	0.349	0.539	0.192	0.102	0.309
e	0.307	1.011	0.763	0.560	0.394	0.223	0.644	0.345	0.219	0.287
f	0.371	0.958	0.783	0.634	0.512	0.045	0.283	0.317	0.323	0.409
g	0.238	0.358	0.798	1.095	0.510	0.144	0.101	0.018	0.019	0.394
h	0.169	0.751	0.839	1.012	0.585	0.102	0.181	0.337	0.267	0.459

根据初始条件在模型内求解出通风条件下流场内各位置处的气流三维矢量值。为了对比模拟结果是否与实测数据一致,以现场实际风向检测面为参照在模型内建立相应的二维检测平面,对检测面内隧道沿程方向风向特点加以分析。根据现场风向检测面:下层检测平面 $h=1.5$ m,上层检测平面 $h=3.5$ m。流畅模型内上下两层检测平面对应坐标如表 5-8 所示。

表 5-8　实测风向检测面在流畅模型内对应坐标

现场检测平面	模型内对应位置坐标
下层检测平面	$F_下 = \{(0,1.5,8),(5,1.5,80),(0,1.5,150)\}$
上层检测平面	$F_上 = \{(0,3.5,0),(5,3.5,80),(0,3.5,150)\}$

压入式通风条件下,隧道掌子面与衬砌台车之间的区域内乱流较多,尤其是通风管出口与掌子面之间,不同运行方向的乱流相互干扰形成涡旋流,致使流场内出现多处涡流,经由掌子面的部分回流空气受其干扰后再次回到掌子面,造成回灌现象。流场内各检测点气流矢量略去风速值后的气流指向如图 5-5 所示。

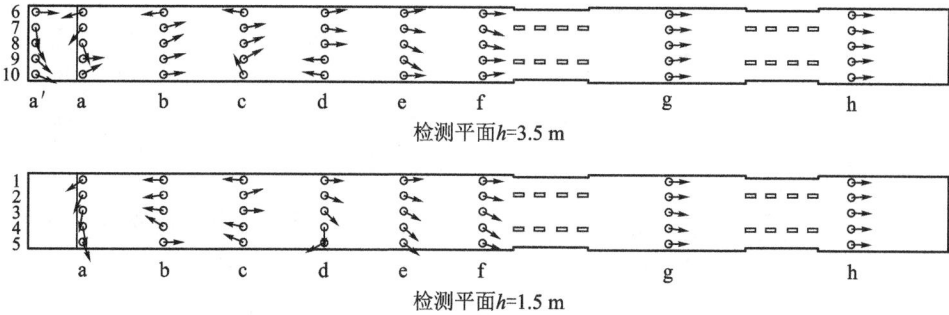

检测平面h=3.5 m

检测平面h=1.5 m

图 5-5 流场模型内各检测点上气流指向

为了便于与实测风向进行对比分析,这里将隧道二维平面沿程方向上风向用角度指向的方式进行标定,标定方法:掌子面方向为正向 0°,隧道口方向为 180°,顺时针方向旋转为正向角,结果如表 5-9 所示。为了便于统计表中数据,采用四舍五入的方法进行取整。

表 5-9 隧道流场模型内各检测点上气流指向　　　　单位:(°)

检测断面	下层检测点					上层检测点				
	1	2	3	4	5	6	7	8	9	10
a′	—	—	—	—	—	183	261	241	221	202
a	326	298	280	259	246	343	309	250	177	152
b	0	353	8	32	178	354	164	155	165	173
c	3	160	180	11	24	7	168	160	150	65
d	180	198	222	270	331	172	187	180	0	8
e	175	195	206	220	215	170	189	203	210	179
f	180	191	206	211	198	180	197	190	180	172
g	180	178	186	188	180	180	180	176	173	179
h	180	177	180	180	180	180	184	176	179

分别将现场实测风速、风向结果与模拟结果进行比对,以验证数值模拟结果的正确性及精确性。

（1）风速解算结果对比分析

将现场实测值与流场模型求解后各相关检测点上的风速值进行对比分析，如图 5-6 所示。

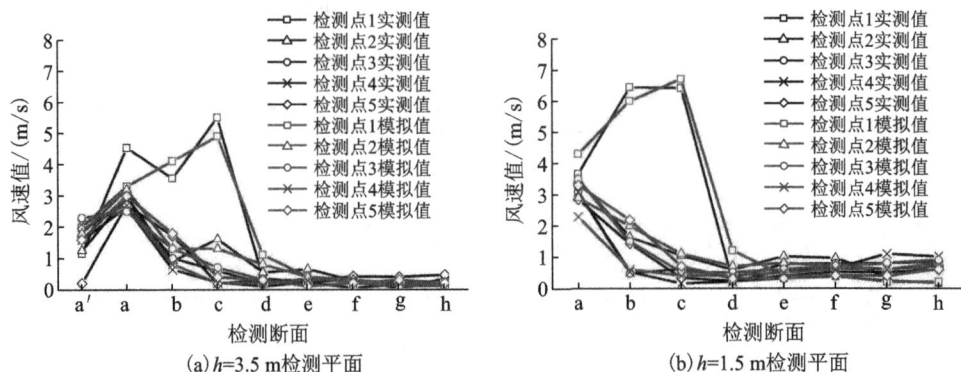

(a)h=3.5 m检测平面　　　　(b)h=1.5 m检测平面

图 5-6　风流场内各检测点在不同检测断面上模拟值与实测值对比曲线

由风流场模型内各检测点在不同检测断面上的模拟值与实测值对比曲线可看出：模拟解算值曲线和现场实测值曲线的分布规律基本相同。

（2）风向解算结果对比分析

将现场实测风向指向与流场模型求解后各相关检测点上的风向指向角度进行对比分析，如图 5-7、图 5-8 所示。

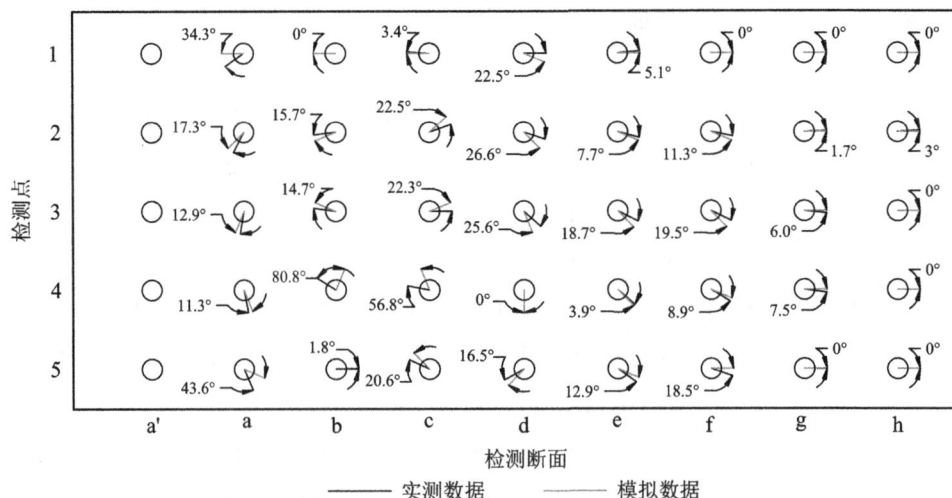

图 5-7　各检测点上风向在检测平面 y=1.5 m（下层检测面）内模拟值与实测值对比

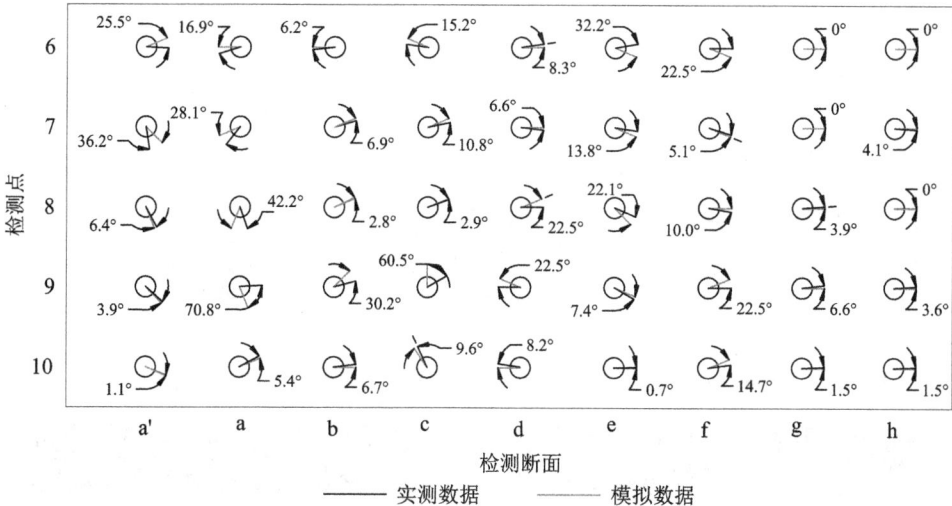

图 5-8　各检测点上风向在检测平面 $y=3.5$ m(上层检测面)内模拟值与实测值对比

由模拟与实测风向指向对比误差角度可以看出,模拟值与实测值误差相对较小,整个流畅模型内各检测点二维平面上风流指向与实测指向基本相同,未出现相逆指向,误差范围均在 90° 以内,除检测点 b4(误差范围为 80.8°)、c4(误差范围为 56.8°)、a9(误差范围为 70.8°)和 c9(误差范围为 60.5°)外,其余检测点误差范围均低于 45°。

5.7.3　粉尘浓度场演化特点

(1)无风条件下粉尘浓度场初始运动规律

根据现场数据,掌子面爆破后 77 s 内施工作业区处于无风状态,粉尘运动属于初始状态,但 Fluent 内时间步长设置为 2 s,迭代解算结果保存周期为 $2n$ s/次,对此在 Fluent 内取 $t=78$ s 后的解算结果来描述掌子面爆破后粉尘的初始状态。

隧道无风条件下采用非定常模型求解粉尘浓度时粉尘未受气流干扰,其扩散呈浓度梯度条件下的自然扩散,隧道断面内的粉尘浓度分布相对均匀,抽取粉尘浓度数据时以现场实际检测点所在位置对应模型内相关断面的浓度均值作为参考值。

现场实际检测点在浓度场内对应的坐标为 $P(6.21,1.5,38)$,位于浓度场内断面 $Z=38$ m 内,掌子面爆破后不同检测时间段内断面 $Z=38$ m 中粉尘浓度云图如图 5-9 所示。观察图 5-9 可知,无风条件下掌子面爆破后各检测时间段内实际检测点所在位置对应模型相关断面内均未出现明显大面积的高浓度粉尘簇团效应,粉尘浓度值分布相对较均匀。Fluent 软件内建立 $Z=38$ m 的平面后分别导入粉尘在隧道内运行 20 s、42 s 和 64 s 的求解结果,如图 5-10 所示。

介质：石灰岩
类型：非定常
断面：$Z=38$ m

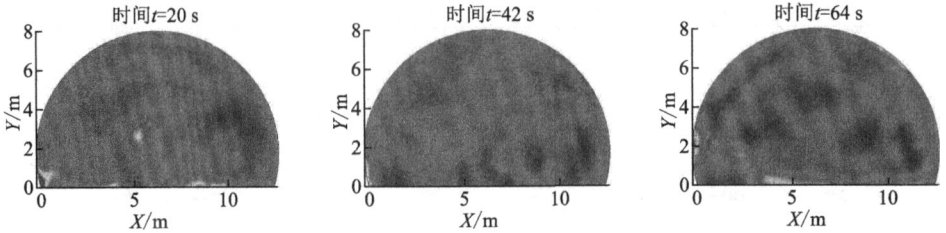

浓度值/(kg/m³)

0	0.0005	0.001	0.0015	0.002	0.0025

时间$t=20$ s　　　　　　时间$t=42$ s　　　　　　时间$t=64$ s

图5-9　不同检测时间段内实际检测点所在位置对应模型相关断面内粉尘浓度云图

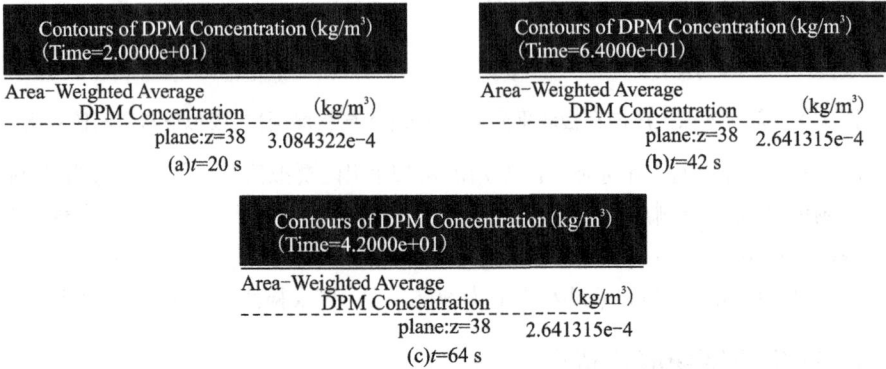

Contours of DPM Concentration (kg/m³)
(Time=2.0000e+01)

Area-Weighted Average
　DPM Concentration　　　　　　(kg/m³)
----
　　plane:z=38　3.084322e-4
(a)$t=20$ s

Contours of DPM Concentration (kg/m³)
(Time=6.4000e+01)

Area-Weighted Average
　DPM Concentration　　　　　　(kg/m³)
----
　　plane:z=38　2.641315e-4
(b)$t=42$ s

Contours of DPM Concentration (kg/m³)
(Time=4.2000e+01)

Area-Weighted Average
　DPM Concentration　　　　　　(kg/m³)
----
　　plane:z=38　2.641315e-4
(c)$t=64$ s

图5-10　浓度场模型中不同检测时间段 $Z=38$ m 平面内粉尘浓度均值

将现场实测值与流场模型求解后各相关断面的浓度均值进行对比分析,如表5-10所示。

表5-10　无风条件下初始粉尘浓度场内模拟值与实测值对比

类型	掌子面爆破后粉尘运行时间/s		
	20	42	64
实测浓度值/(mg/m³)	281.3	277.6	275.2
模拟浓度值/(mg/m³)	308.4	290.1	264.1
误差/%	8.79	4.31	4.03

由表5-10可看出,模拟解算值结果与现场实测值在掌子面爆破20 s后误差为8.79%,掌子面爆破42 s与64 s后误差较小,均在5%以内。

(2)通风条件下粉尘浓度场演化规律

①浓度场演化规律分析。将无风状态下序岭隧道内粉尘浓度值及分布状态作为初始值进行非稳态模拟解算。压入式通风介入后,不同通风时间周期内粉尘浓

度的演化规律及分布情况如图 5-11 所示。

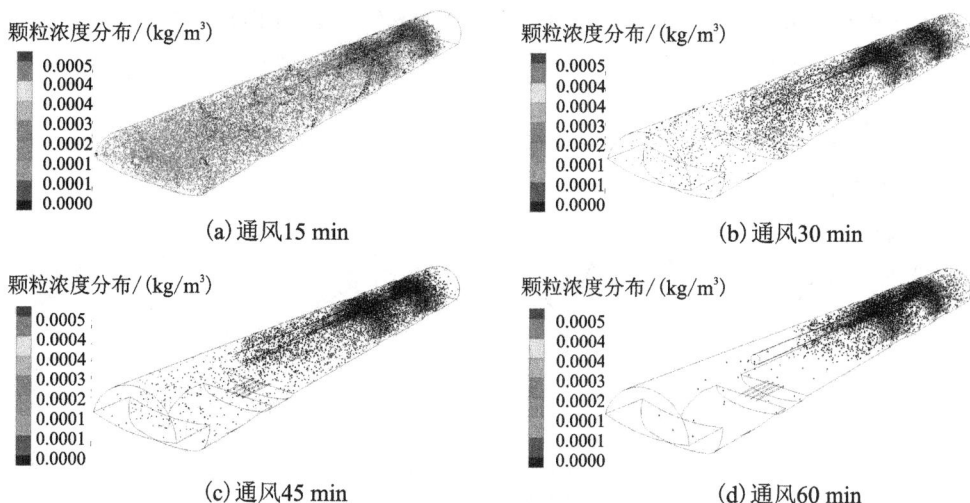

(a) 通风15 min

(b) 通风30 min

(c) 通风45 min

(d) 通风60 min

图 5-11　浓度场模型中不同检测时间段隧道施工作业区内粉尘浓度演化情况

随通风时间的延长,隧道内粉尘浓度逐渐下降,掌子面附近区域粉尘浓度分布率先下降,整个隧道内粉尘浓度下降顺序为从掌子面至隧道口方向逐步传递。

通风 15 min,作业区内部分高浓度粉尘绕隧道壁面卷积疏散,在隧道内随风流向隧道口方向运动。

通风 30 min,掌子面附近粉尘浓度较通风 15 min 有所下降,两部台车之间出现高浓度粉尘簇团效应。

通风 45 min,隧道作业区粉尘浓度值整体下降,但台车间粉尘簇团效应未出现明显改善。

通风 60 min,掌子面附近粉尘浓度明显降低,但台车附近粉尘浓度下降不明显。

以上非稳态模拟说明,压入式通风模式下粉尘净化由掌子面开始,整个净化过程经由隧道进行疏散,同时衬砌台车对粉尘的疏散具有一定的阻碍作用,这是由压入式通风管靠近掌子面的通风结构布局所致。

②实测浓度与模拟浓度对比分析。模拟模型内建立与现场实测点相对应的检测点,并对各检测点上实测浓度与模拟浓度对比数据进行统计,如图 5-12 所示,图中各检测点下标数字 i 表示检测断面,$i=a',a,b,\cdots,g$。

实测数据与模拟数据均反映出:施工作业区域内粉尘浓度值的峰谷值的波动范围随通风时间的延长逐渐缩小。通风 15 min,爆破掌子面(检测点 a')和 I 号衬砌台车两侧(检测点 d、e)粉尘浓度较高,说明台车对粉尘的疏散具有一定的阻碍效应;通风 30 min,施工作业区域内粉尘浓度值较通风 15 min 整体有所下降,但台车附近依然存在高浓度粉尘;通风 45 min,掌子面附近粉尘浓度值整体低于台车附近粉尘浓度值;通风60 min,浓度曲线呈现上扬状态,掌子面附近粉尘浓度值下降明显,说明在压入式通风条件下粉尘的净化具有活塞效应,势必造成整个隧道环境的恶化。

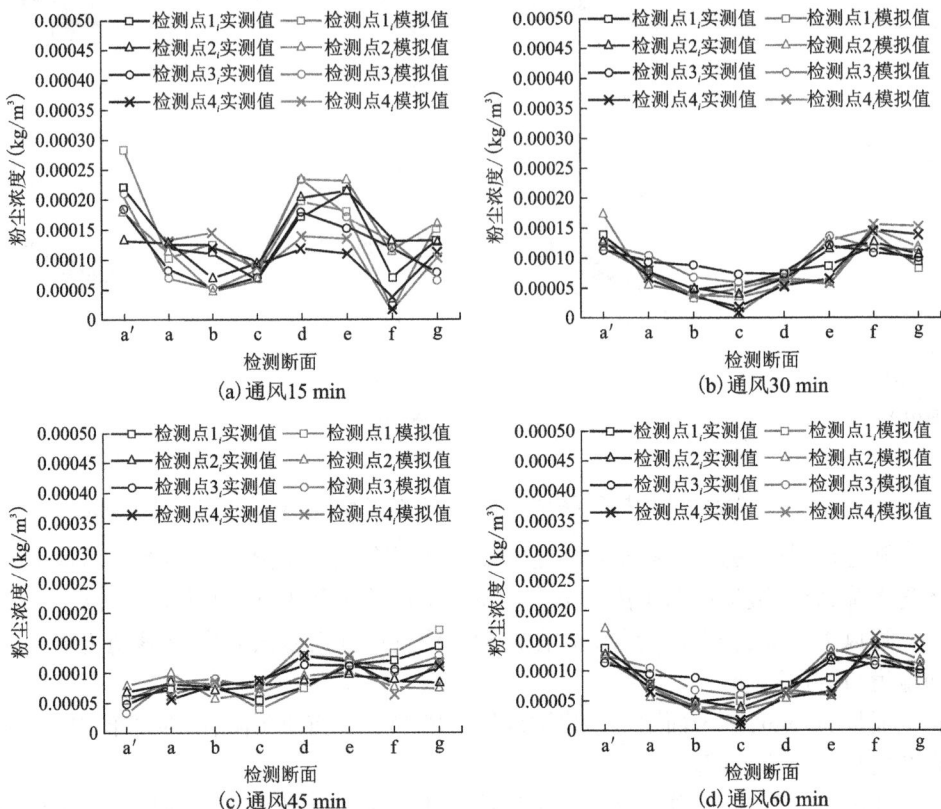

图 5-12　不同通风时间周期内各检测点实测浓度与模拟浓度对比

5.7.4　实测数据与模拟数据误差分析

由各检测点实测浓度与模拟浓度对比曲线可看出:实测数据与模拟数据在不同时间周期内曲线分布特点基本吻合。但两者间存在一定的误差,导致偏差出现的主要原因有以下几个方面:

(1)数值模拟是一种理想化的模型解算,模型建立时需要进行一些必要的条件化简,是隧道现场结构的一种简化形式。同时,现场相关设备及不规则地形的阻碍等导致实际隧道内部构造与模型结构存在一定的误差。

(2)现场实测值采集时,不可避免地受到相关设备、人员以及其他障碍物的阻碍等,导致测量结果与实际情况存在一定的误差。

(3)受现场环境以及隧道内地形的影响,现场数据采集时检测设备的放置位置与计划检测点之间存在不可避免的偏差,而数值模拟的取值是在浓度场模型内精确点位上获得,这也会导致模拟值与现场实测值之间出现误差。

(4)非定常瞬态模型求解时,浓度场时刻处在变化的运动状态之中,求解迭代过程中各种变量的动态变化范围较大。动态结果之间进行比较时会出现不可避免的偏差。

综上所述,浓度场模型内模拟数据与现场实测数据之间产生的误差是合理的,序岭隧道内压入式通风条件下模拟值与实测值吻合程度较高,说明 Fluent 内各项初始数据设置正确,故可采用数值模拟结论来表述现场实际粉尘分布情况,亦可通过 Fluent 对风幕通风条件下序岭隧道内流场及粉尘浓度场进行数值模拟。

5.8　风幕式通风条件下流场及浓度场数值模拟

5.8.1　流场内风流运动规律

为了得出风幕式通风条件下隧道流场内气流整体运动特征,在模型内将不同速度下风速总量 ISO 等值面予以显示,如图 5-13 所示。

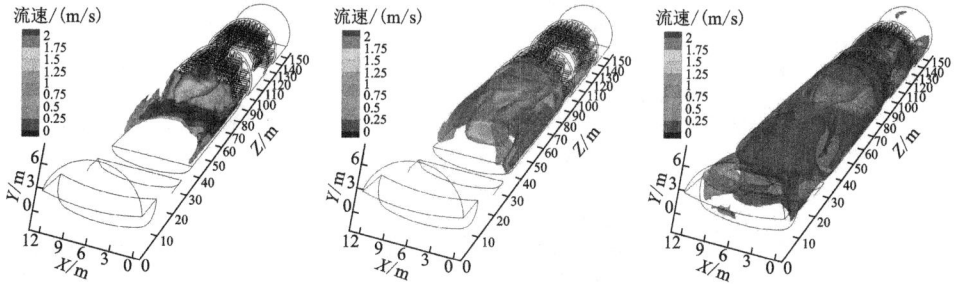

图 5-13　风幕式通风条件下流场内风流运动特点

由图 5-13 可以看出:气流从风幕射流喷口喷出抵达隧道底板(冲击壁面)后转化为两向气流,分别向污染区和清洁区运动,进入污染区的气流在吸入式风管的负压作用下向隧道拱顶方向卷吸,未受负压影响的气流继续向掌子面运动。对比压入式通风,由于风幕射流喷口及吸入式风管在隧道断面内平衡设置,掌子面上的气流压力未出现偏移,回流也未出现沿隧道壁面的大螺距旋流。

5.8.2　流场风速解算结果

通过风速总量 ISO 等值面图只能观测到气流的整体运动规律,不能得出不同方向上风速的特征。为了更加精确地描述气流在三维空间内的速度特征,根据模型内相应检测点对 X、Y、Z 三方向风速数据进行统计,如图 5-14 所示。

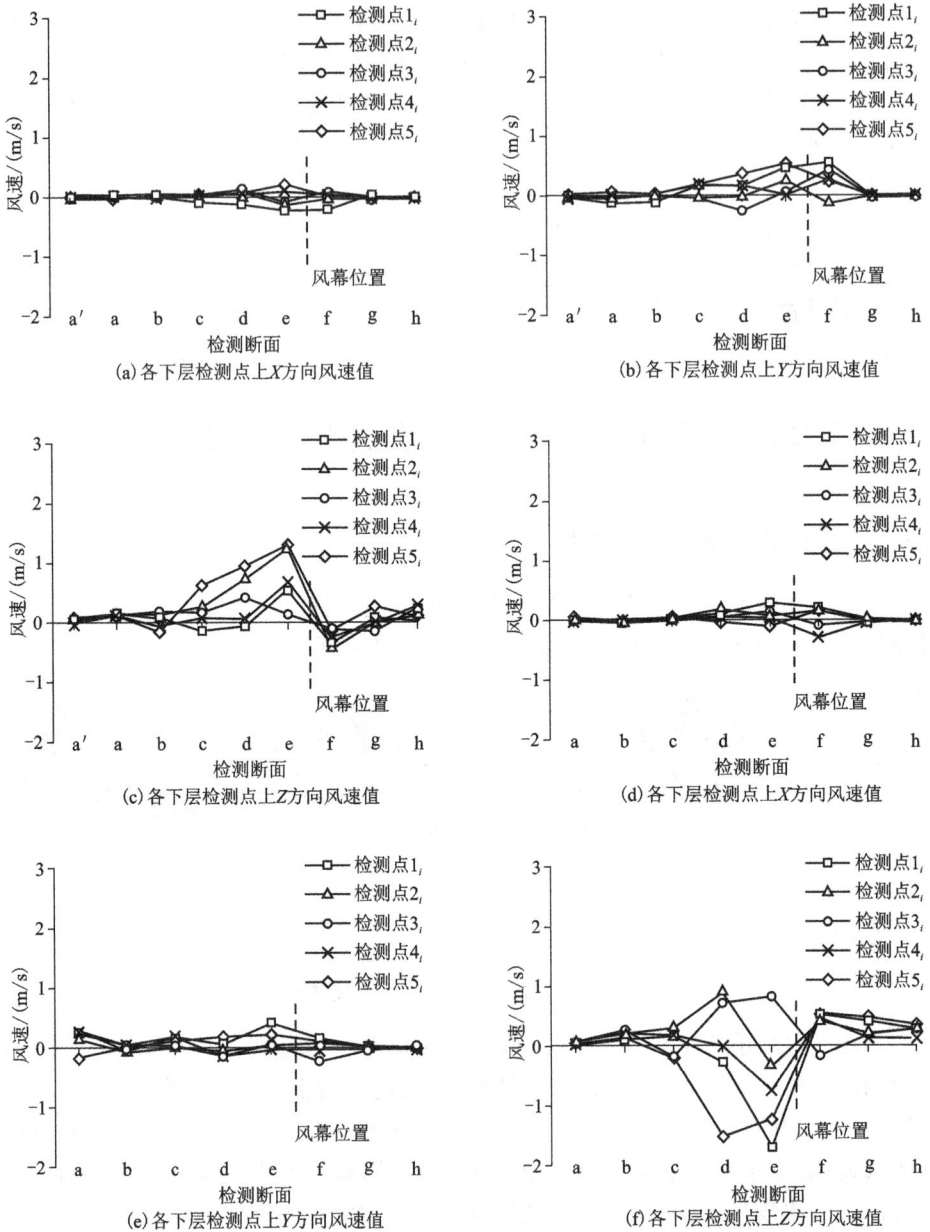

(a) 各下层检测点上X方向风速值

(b) 各下层检测点上Y方向风速值

(c) 各下层检测点上Z方向风速值

(d) 各下层检测点上X方向风速值

(e) 各下层检测点上Y方向风速值

(f) 各下层检测点上Z方向风速值

图 5-14　风幕式通风条件下流场内风流在三维空间内的速度特征

　　各检测点 X 轴方向上风速值变化范围较小,均在±0.5 m/s 范围内波动。污染区内:上层检测点 Z 轴正方向上风速变化范围相对较大,最高值在检测点 10e 上,速度为 1.29 m/s,负方向上风速值变化范围相对较小,说明在吸入式风管负压作用下气流由掌子面方向向风管吸入口的流动速度较高;下层检测点 Z 轴负方向上风速变化范围相对较大,最高值在检测点 1e 上,速度为 1.76 m/s,正方向上最高风速值在检测点 2d 上,速度为 0.92 m/s,说明在风幕作用下气流向掌子面方向的流动速度较高,同时在吸入式风管负压影响下部分气流出现反向卷吸。风幕与台车之间:下层检测点 Z 轴方向上在靠近风幕的检测断面 f 上各检测点的数据均为负值,但速度值相对较低,最大值为 0.42 m/s,这是风幕射流对周边稳定气流造成混合卷吸效应所致;下层检测点 Z 轴方向上除检测点 3f 外,其余检测点的数据均为正值,最大值为 0.53 m/s,说明风幕射流分流的作用下气流向隧道口方向的流动速度较高,仅有少部分气流受混合卷吸效应影响再次进入风幕射流。

5.8.3　二维平面内气流方向解算结果

通过风速分析可以得出 X、Y、Z 三方向风速数据,但是隧道内气流流动方向大多是 3 个坐标方向的合力方向,而不是平行于某个坐标轴。对此,对模型内各检测点上气流矢量数据进行统计,以分析流场内风向特点。流场内气流方向非常复杂,涉及空间内各个方向,进行三维分析十分困难。由风速分析可看出:X 方向(正负方向)上风速值变化范围较小,说明风幕式通风条件下施工作业区内的横向风流流速较低,流动较稳定。为了更加直观地描述施工作业区内气流流动特点,同时考虑到风幕、吸尘口及隧道均为对称结构,这里仅针对隧道纵向中心线断面,即 X = 6.2 m 平面内气流流向进行二维分析。风幕式通风条件下风幕射流抵达隧道底板冲击壁面后转化为两向气流,分别向污染区及清洁区流动,由于射流腔布设角度的影响,污染区的分配流量相对较高,附壁流在吸入式风管负压作用下逐步转换为反向涡流,清洁区内附壁流受风幕射流的影响在风幕附近亦形成涡流,但该涡流的影响范围相对较小,未进入风幕涡流范围的气流继续向隧道口方向运动。

5.8.4　粉尘浓度解算结果

模型求解时对通风 60 min 内粉尘在隧道内的分布状态进行非稳态的周期性记录,记录周期为每 5 min 一次,以获取风幕通风方式条件下粉尘浓度场模型中不同时间段施工作业区内粉尘浓度演化特点。为了更加清晰地观察隧道模型内粉尘浓度的分布情况,参照现场检测断面的设置位置对隧道进行切片,得出相关检测断面上的粉尘浓度云图。不同通风时间周期内粉尘浓度的演化规律及分布情况如图 5-15 所示。

风幕通风方式下污染区内粉尘平均浓度值随通风时间的延长迅速下降,通风过程前期有少量粉尘穿越射流风幕进入隧道清洁区,但随通风时间的延长,该部分粉尘迅速消散,整个通风周期中各检测断面内粉尘浓度分布相对均衡,未出现粉尘绕隧道壁面卷积运动。

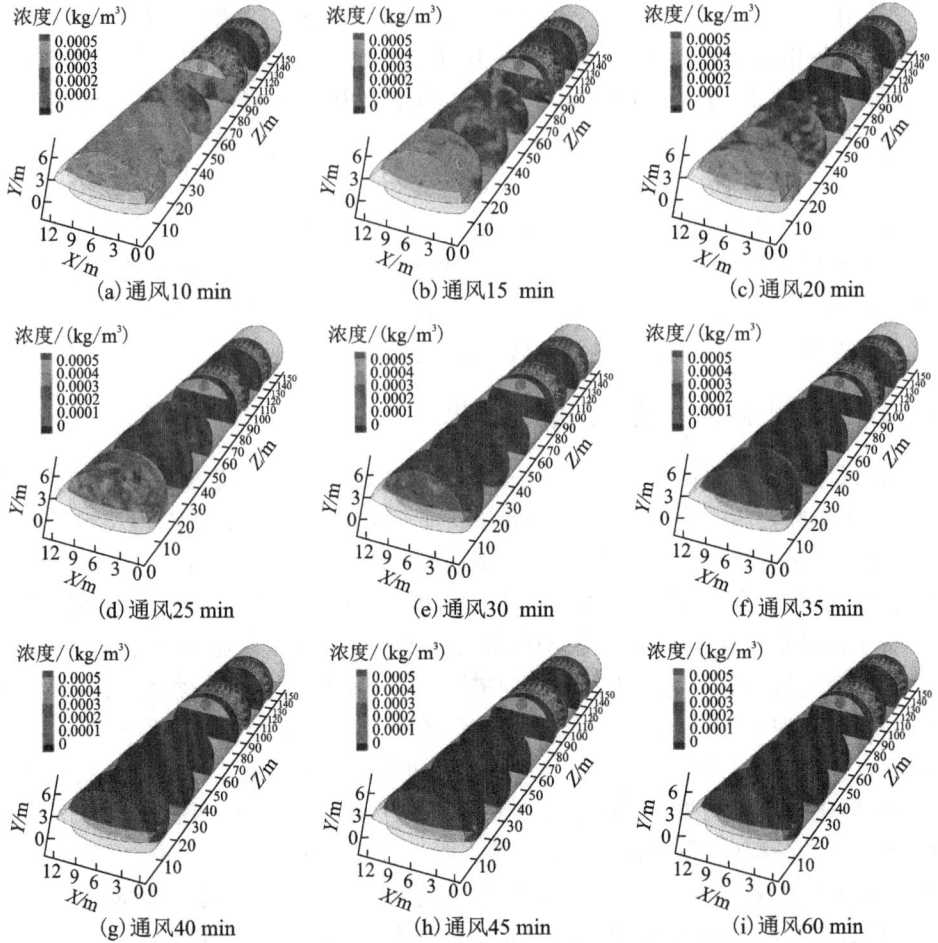

(a) 通风10 min   (b) 通风15 min   (c) 通风20 min

(d) 通风25 min   (e) 通风30 min   (f) 通风35 min

(g) 通风40 min   (h) 通风45 min   (i) 通风60 min

图 5-15　浓度场模型中不同通风时间段隧道施工作业区内粉尘浓度演化情况

根据现场实测点三维空间内的布设位置,在粉尘浓度场模型相应位置上建立数据检测点,不同通风周期各检测点上粉尘浓度如图 5-16 所示。

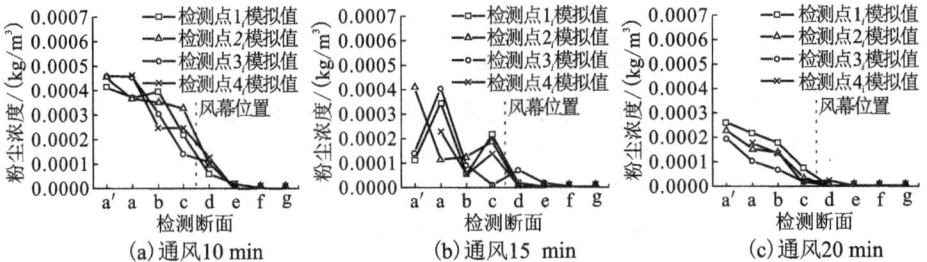

(a) 通风10 min   (b) 通风15 min   (c) 通风20 min

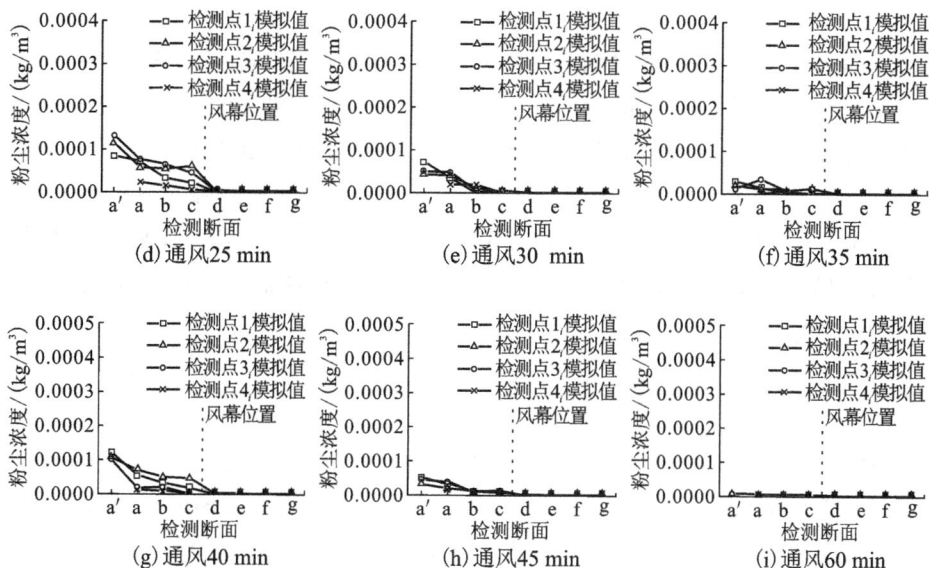

图 5-16　不同通风时间周期内各检测点上粉尘浓度

由图 5-16 可看出:整个通风过程中污染区内粉尘浓度峰值除通风 35 min 外均出现在检测点 a′上,即爆破掌子面附近浓度值最高;通风 10~25 min 内有部分粉尘穿过风幕射流侵入清洁区。对风幕两侧空间内粉尘浓度峰值检测点及对应浓度值进行统计,统计结果如表 5-11、表 5-12 所示。

表 5-11　污染区内粉尘浓度峰值检测点及对应浓度值

通风时间/min	10	15	20	25	30	35	40	45	60
浓度峰值检测点	3a′	2a′	1a′	3a′	1a′	2a	1a′	1a′	3a′
粉尘浓度值/(mg/m³)	460.1	409.7	261.3	131.5	70.8	34.2	12.2	5.1	0.8

注:Fluent 求解结果中粉尘浓度单位为 kg/m³,表中粉尘浓度单位转换为 mg/m³,以便进行对比和统计。

表 5-12　清洁区内粉尘浓度峰值检测点及对应浓度值

通风时间/min	10	15	20	25	30	35	40	45	60
浓度峰值检测点	4d	1d	3d	4d	—	—	—	—	—
粉尘浓度值/(mg/m³)	110.4	73.3	22.5	5.4	0	0	0	0	0

注:Fluent 求解结果中粉尘浓度单位为 kg/m³,表中粉尘浓度单位转换为 mg/m³,以便进行对比和统计。

根据《铁路隧道工程施工安全技术规程》(TB 10304—2020)及《客运专线铁路隧道工程施工技术指南》(TZ 214—2005):每立方米空气中含有10%以上的游离二氧化硅的粉尘不得多于2 mg;每立方米空气中含有10%以下的游离二氧化硅的矿物性粉尘不得多于4 mg。由上表统计结果可以看出:数值模拟条件下序岭隧道在采用风幕通风方式后其污染区内粉尘浓度峰值可在60 min内降至0.8 mg/m³,清洁区内粉尘浓度峰值在30 min内降至0 mg/m³。由此可以判断,风幕通风方式条件下序岭隧道污染区内粉尘浓度在通风除尘60 min后达标,清洁区内粉尘浓度在通风除尘30 min后达标。

5.8.5 粉尘浓度场演化特点

为了更加清晰地描述掌子面爆破后风幕通风方式下粉尘在施工作业区内的演化特点,模型内以爆破掌子面为起点,每间隔5 m对粉尘浓度场模型进行切片,统计切片范围内不同通风时间周期条件下粉尘平均浓度值,得出施工作业区内不同爆破距离上粉尘浓度场的演化过程,如图5-17所示。

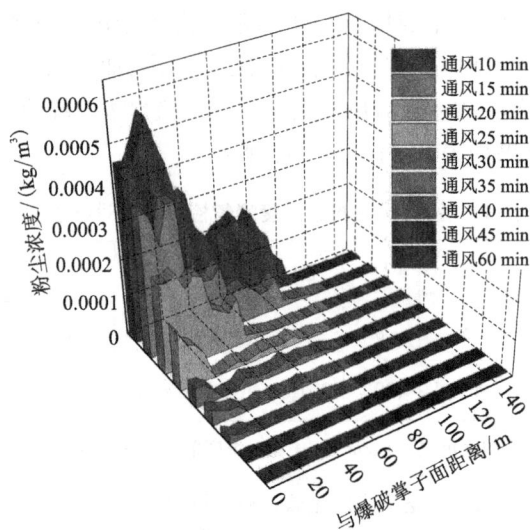

图5-17 施工作业区内不同爆破距离上的粉尘浓度场演化过程

在此基础上统计不同时间段整个隧道模拟段内粉尘平均浓度值,得出施工作业区沿程范围内不同通风时间周期条件下粉尘浓度场的演化过程,如图5-18所示。

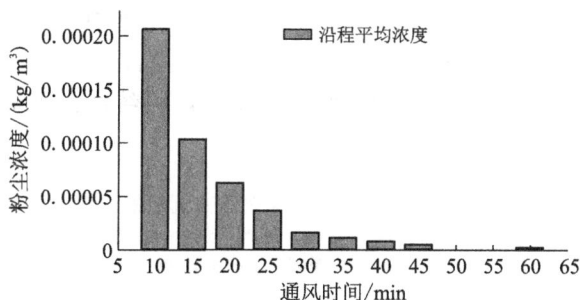

图 5-18　施工作业区沿程范围内不同通风时间周期条件下粉尘浓度场演化过程

风幕式通风条件下高浓度的粉尘从掌子面释放后分布于污染区空间内,其浓度值随通风时间的延长迅速下降,下降过程呈非均衡性,靠近反吸风管入口处的粉尘净化速率最高,这是由风幕气流流速分布及反吸口的负压压力梯度分布所致。通风过程中清洁区内粉尘平均浓度值非常低,未出现高浓度粉尘顺隧道沿程方向连续传递扩散的现象,说明风幕对粉尘的扩散具有较好的隔离净化效应。

施工作业区内沿程粉尘平均浓度直方图呈下降形态,说明沿程粉尘平均浓度随通风时间的延长快速下降,尤其是通风过程前期,降尘效果十分明显。

5.9　非稳态条件下降尘率对比分析

5.9.1　相对降尘率对比分析

压入通风方式及风幕通风方式浓度场模型内分别以爆破掌子面为起点,每间隔 10 m 对粉尘浓度场模型进行切片,统计通风 15 min、30 min、45 min 和 60 min 后各切片范围内粉尘平均浓度值,如图 5-19 所示。

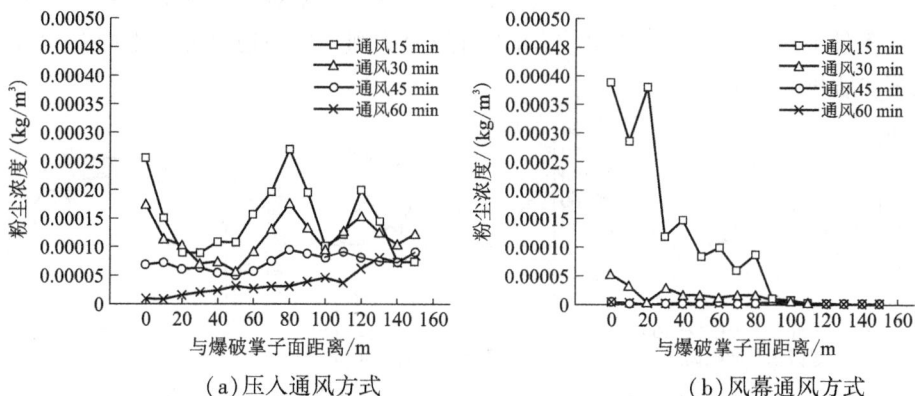

（a）压入通风方式　　　　　　　　（b）风幕通风方式

图 5-19　两种通风方式下施工作业区内各通风周期中不同爆破距离上的粉尘浓度均值

令压入通风方式条件下切片 i 范围内粉尘平均浓度值为 a_i，风幕通风方式条件下切片范围内粉尘浓度均值为 b_i。相对于压入通风方式,定义风幕通风方式在切片 i 处的降尘率 $I=(a_i-b_i)/b_i\times100\%$ 为相对降尘率,统计各通风周期不同爆破距离上的相对降尘率,如表 5-13 所示。

表 5-13　各通风周期不同爆破距离上的相对降尘率　　　　单位:%

通风时间/min	与爆破掌子面距离/m															
	0	10	20	30	40	50	60	70	80	90	100	110	120	130	140	150
15	−51.9	−88.6	−32.8	−34.3	−36.8	22.9	37.1	69.4	68.1	93.1	91.4	96.8	100	100	100	100
30	69.9	72.0	96.7	61.8	80.8	74.5	87.2	89.3	92.6	100	100	100	100	100	100	100
45	90.9	94.4	96.6	95.9	97.4	96.2	98.1	97.9	100	100	100	100	100	100	100	100
60	70.0	72.1	90.2	92.6	96.3	97.9	98.0	100	100	100	100	100	100	100	100	100

通风 15 min 后,风幕通风方式下掌子面附近粉尘浓度值明显高于压入式通风方式,因此在距爆破掌子面 0~40 m 处相对降尘率出现负值,这是通风过程前期风幕射流对粉尘的阻碍及反吸管道的反吸尘造成粉尘浓度增幅过大所致,但随通风时间延长该现象逐渐消失。由表 5-13 统计数据可看出:通风 30~60 min,风幕通风方式的降尘效率明显高于压入通风方式。

5.9.2　绝对降尘率对比分析

考虑到掌子面爆破完毕,通风系统介入后粉尘扩散具有传递性,以通风 15 min 后浓度场模型内各切片上的浓度均值作为基准,通过将其他通风周期内浓度场模型各切片上的浓度均值与其进行比对,得出各通风方式自身的降尘率,将其定义为绝对降尘率,如图 5-20、图 5-21 所示。5.9.1 小节中相对降尘率为两种不同通风方式条件下粉尘降低程度的比较,而绝对降尘率则是单一通风方式不同时间段内的降尘程度之间的比较。

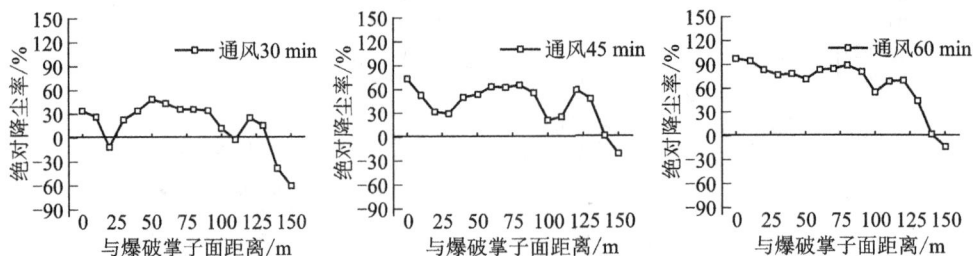

图 5-20　压入式通风条件下各通风周期不同爆破距离上的绝对降尘率

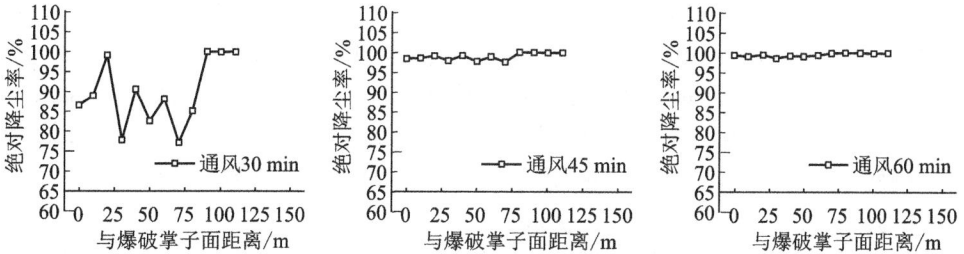

图 5-21　风幕式通风条件下各通风周期不同爆破距离上的绝对降尘率

(1)压入式通风条件下绝对降尘率

压入式通风条件下,随通风时间的延长,绝对降尘率曲线逐步上升,整个通风过程中,在距离掌子面 120 m 左右的位置(衬砌台车位置),绝对降尘率曲线均出现拐点,说明压入式通风条件下衬砌台车附近粉尘的除尘效率低下,浓度场模型尾部绝对降尘率始终小于零,这是由压入式通风条件下粉尘扩散的活塞特点效应所致。由于在对绝对降尘率进行分析时,是以通风 15 min 后浓度场模型内各切片上的浓度均值作为对比基准值,在粉尘扩散活塞效应下,通风 30~60 min 后,当监测点粉尘浓度值大于对比基准值时,绝对降尘率将会出现负值,如图 5-20 所示。

(2)风幕式通风条件下绝对降尘率

风幕式通风条件下,通风 30 min 后污染区内绝对降尘率曲线波动较大,这是由于受风幕射流阻碍及反吸式风管负压的影响,污染区内粉尘浓度分布不均所致;通风 45~60 min,浓度场模型内各切片上的粉尘浓度绝对降尘率逐步趋于 100%,说明通风 45 min 后隧道内的粉尘浓度降低。由于粉尘被风幕射流阻挡后直接由吸尘管道抽出,不经过隧道排放,亦不会受衬砌台车的阻碍,因此各切片上的粉尘浓度绝对降尘率均为正值。

综上,通过相关数据的对比分析可看出:整个通风过程中风幕通风方式的绝对降尘率均高于压入通风方式,通风 60 min 后风幕通风方式的绝对降尘率接近 100%。

5.10　本章小结

本章参照序岭隧道现场实际情况建立了压入式通风条件下隧道模拟模型,同时根据本章确定的风幕通风方式相关设备最佳布设参数,在序岭隧道现场实际情况的基础上建立了风幕式通风条件下的隧道模拟模型,并对两个模型的流场特点、粉尘演化特点以及降尘效率进行了对比分析,以验证风幕通风方式降尘的高效性。包括以下内容:

(1)对气固耦合模型求解的基本假设及控制方程进行了阐述,根据序岭隧道等比例尺寸建立了压入式通风及风幕式通风条件下隧道三维模型。

(2)对模型气流流场及粉尘浓度场的初始条件及模型求解器各项参数的设置进行了分析,探讨了流场和浓度场的求解方式及迭代收敛的条件。

(3)通过数值模拟的方式确定了压入式通风条件下隧道流场内风流运动规律及浓度场内粉尘演化特点,并将模拟结果与实测数据进行了对比,验证了数值模拟的准确性,分析了实测数据与模拟数据之间的误差来源,以此为数值模拟方法在风幕式通风条件下模拟的准确性提供依据。

(4)通过数值模拟的方式确定了风幕式通风条件下隧道流场内风流运动规律及浓度场内粉尘演化特点,确定了隧道污染区及清洁区粉尘浓度达标时间,并对两种不同通风方式下的模拟结果进行了对比,结果表明:数值模拟条件下序岭隧道在采用风幕通风方式后其污染区内粉尘浓度在通风除尘 60 min 后达标,清洁区内粉尘浓度在通风除尘 30 min 后达标。

(5)对非稳态条件下两种不同方式条件下的相对降尘率及绝对降尘率进行了对比,结果表明:通风 30~60 min,风幕通风方式的降尘率明显高于压入通风方式;整个通风过程中风幕通风方式的绝对降尘率均高于压入通风方式,通风 60 min 后风幕通风方式的绝对降尘率接近 100%。

第6章

风幕通风方式的优越性及应用前景

6.1 优越性分析

6.1.1 环保效益

风幕通风系统结构简单,体积小,制作简单,运行成本低,可在较短的时间内对掌子面爆破后的粉尘进行隔离净化,避免隧道内粉尘污染。其环保效益如下:

(1)空气净化效率高。对比传统压入式通风方式,风幕式通风条件下风幕通风机距离喷口很近,隧道内的新鲜空气能迅速被转换成风幕,使得新鲜空气运行距离短;滤筒除尘车设置在清洁区内,可以迅速将掌子面爆破后的粉尘吸入滤筒组件进行隔离净化,空气净化速度快、效率高。数值模拟条件下,序岭隧道采用风幕通风后,污染区内粉尘浓度峰值在通风净化 60 min 后降至 0.8 mg/m³,清洁区内粉尘浓度峰值在 30 min 后降至 0 mg/m³,达到相应规范的要求;而传统压入式通风条件下通风 60 min 后,施工作业区内粉尘浓度峰值为 38.7 mg/m³,依然超标。

(2)改善施工环境。传统压入式通风条件下,新鲜空气从隧道外运行至掌子面需要很长的时间,造成掌子面后方的施工环境长时间得不到改善,粉尘随隧道内空气自然弥散,甚至反向流动,同时,压入式通风条件下粉尘的疏塞具有活塞效应,势必造成施工作业区后方隧道环境的恶化。风幕式通风条件下,在净化时间段,高浓度污染物活动范围仅限于污染区内,大幅降低隧道内的污染。

6.1.2 时间效益

掌子面爆破后,压入式通风条件下需要大量的时间进行空气净化,造成前后紧接工作步之间非工作时间的延长;风幕式通风条件下,污染区内爆破粉尘净化时间相对较短,缩减了工作步之间的等待时间,使工作步之间紧密结合,随着施工期的增加,节约的时间相当可观,进而可以缩短整个施工工期。

6.1.3 经济效益

压入式通风条件下,隧道内所有通风设备都在最高挡位运行也要保持很长时间才能将爆破粉尘浓度全面降低,这对电力资源造成一定的浪费。引入风幕通风后,掌子面爆破完毕立即开启风幕通风系统进行空气净化,待污染区内粉尘浓度达到相关标准即可关闭风幕,并将压入通风开启至中低速挡进行作业,满足隧道内人员、设备需风量要求即可;在钻孔、喷浆和运渣等粉尘释放量相对较低的施工作业中,可与除尘车配合进行联合作业。相对于压入通风,风幕通风功率相对较低,除尘时间短,因此在单位时间内风幕通风的用电量较低,随着施工期的增加,节约的电力能源相当可观。风幕式通风条件下风幕风机功率为 13 kW,滤筒除尘器功率为 7.5 kW,能耗为 20.5 kW·h,压入式通风条件下风机能耗为 208 kW·h,2018 年我国工业用电价格浮动范围为 0.86~1.80 元/(kW·h)。通过计算可得:风幕通风较压入通风每小时节约电费为 161.3~337.5 元,由于风幕式通风条件下序岭隧道粉尘浓度值可在 1 h 内达标,因此其上部台阶掌子面每爆破一次,电费即可节约 161.3~337.5 元。

6.2 推广应用前景

风幕通风是利用空气射流产生的风幕对爆破粉尘进行阻断隔离后采用除尘净化设备对含尘空气进行净化。风幕的作用相当于在隧道内形成一道斜向的"空气屏障",将施工作业区划分为污染区和清洁区,阻止掌子面爆破后污染区内的粉尘向清洁区扩散。风幕斜向冲击射流抵达施工走行面后被转化为两向附壁流:一向在污染区内运动,迫使污染区内粉尘随流运动;一向往隧道口方向运动。污染区内气流受隧道壁面影响产生回向卷积涡流,风幕的隔离作用有利于提高除尘车的粉尘捕捉、降尘效率,污染区内的粉尘被反吸进入除尘车滤筒组件内进行含尘空气的脱尘过滤,过滤后的洁净空气经由除尘车通风机被排放至清洁区。由于风幕对含尘气流的阻隔特性,粉尘只在污染区内运动,几乎不会扩散到清洁区,从而保证了掌子面爆破后整个隧道内的环境不被污染。

风幕通风技术属于直接降尘,作业具有主动性,对长期在隧道内进行施工作业的人员身心健康的保护具有直接意义。通过相似性模化实验及数值模拟对比分析的验证可知,风幕通风隔尘除尘效果非常明显,粉尘净化时间短,结构简单,移动灵活,制造方便,使用成本低。风幕射流腔及风幕射流通风机均安装在可移动桁架上,无须在隧道拱顶布设导轨,因此可以适用于各种岩体,对于小断面隧道,只需对射流腔的外形进行修正即可使用。综上所述,风幕通风具有较好的推广应用前景。

6.3　本章小结

　　本章根据序岭隧道数值模拟的结论对风幕式通风条件的优越性及应用前景进行了探讨,在环保效益、时间效益及经济效益上对风幕通风及压入通风进行了对比,探讨了风幕通风在隧道施工方面的应用前景。

第7章

结论与展望

7.1 结论

粉尘是隧道钻爆法施工过程中最严重的危害之一,施工过程中在采取相应技术措施的条件下隧道内作业环境依然可能十分恶劣,尤其是掌子面爆破完毕、长时间通风后,隧道内的粉尘浓度仍很难控制在相应行业标准之内。为了改善施工环境,保护作业人员的身心健康,本书提出了风幕隔离净化通风方式,以达到快速降尘、降低污染的目的。研究过程中本书对传统压入式通风条件下施工隧道内空气质量进行了现场检测,在查阅国内外大量相关研究资料的基础上对相关射流理论进行了分析,并对风幕通风在隧道施工中的应用进行了相似模化实验和数值模拟研究,取得了重要研究成果,得出如下主要结论:

(1)通过对国内外相关施工隧道粉尘防治方面文献的研读,发现当前对于粉尘防治的主要技术措施重于"排"而轻于"集",普遍存在降尘效率偏低的问题。因此,本书从防尘保护的角度开展了"利用风幕通风方式隔离脱尘"的研究,以提高施工隧道掌子面爆破条件下的降尘率,解决传统压入式通风条件下粉尘沿程扩散的问题,达到改善施工作业环境的目的。

(2)通过现场检测,得出了序岭隧道施工作业区以及沿程方向的气流矢量特点及粉尘浓度演化规律。现场实测结果表明:掌子面附近各方向乱流较多,距离掌子面越远风速越稳定,隧道施工区域后方一定范围内的隧道内气流流场上层回流风速更为稳定,回流风速低于下层风速,隧道垂直方向上会产生气流运动偏差,纵向沿程方向上回流为非稳定运动。通风 15 min、30 min、45 min 及 60 min 后,掌子面后方粉尘浓度均值极值点分布规律为:检测断面 a′→检测断面 f→检测断面 e→检测断面 g。压入式通风条件下粉尘的分布具有不稳定性,排尘具有活塞特性,通风 60 min 后上下台阶掌子面、仰拱及Ⅰ号衬砌台车两侧的相对降尘效率较高,均在85%以上,其他断面处降尘率相对较低,尤其是Ⅱ号衬砌台车两侧相对降尘率均未超过65%,施工作业区内粉尘浓度峰值为38.7 mg/m³,沿程方向上粉尘平均浓度为23.38 mg/m³。

(3)研究了风幕射流在施工隧道中应用的隔尘机理。利用风幕射流的隔断作用将隧道流场分为污染区和清洁区,掌子面爆破后风幕阻断粉尘向清洁区扩散并将其封闭于污染区。斜向射流迫使污染区内的粉尘处于循环运动状态,之后通过吸尘管道将含尘风流反吸至滤筒除尘设备内进行空气脱尘净化,净化后的洁净风流可经由风幕通风机再次进入风幕射流腔形成风幕射流,分离出的粉尘进行收集后运移至隧道外处理,从而实现快速隔离降尘的目的。

(4)分析了风幕通风技术在施工隧道除尘净化作业中的基本原理,利用平面紊动射流的原理对射流运动过程、各参数之间的关系、射流断面速度分布、流量衰减特点等进行了理论分析,根据射流轴向与壁面之间夹角的大小对射流分配后的正、斜向冲击流的运动特点进行了研究,并对各区域内分配流的运动参数及流量分配进行了探讨,为相似模化实验中相关参数的取值提供了计算依据。

(5)对序岭隧道模型内风幕通风设备最优参数及隔尘除尘效果进行了模化相似性实验分析。实验发现:影响风幕隔尘效果的主要因素有射流喷口的宽度、射流初速度及射流喷口角度;大角度斜向冲击射流在外部负压作用下会导致初始段轴心延长线在隧道底板上的落点与射流轴心最大风速时射流主体段轴心线在隧道底板上的落点之间出现偏移量,通风过程中若风速不稳定将发生偏移量过大的情况,导致粉尘穿越风幕污染清洁区。实验结果确定了相似模型内风幕喷口最佳宽度为5 mm,射流冲击壁面处的最优风速为1.6 m/s,在最优风速值时对不同射流喷口角度条件下风幕对粉尘的隔尘效果进行了对比分析,确定了风幕射流喷口角度的最优设置为30°。

(6)利用计算流体力学分析软件 ANSYS-Fluent,根据序岭隧道现场实际情况建立了压入式通风及风幕式通风条件下隧道模拟模型,并对两个模型在流场特点、粉尘演化特点以及降尘率等方面进行了对比分析,验证了风幕式通风条件下除尘的高效性。结果表明:序岭隧道在采用风幕通风后其污染区内粉尘浓度在通风除尘60 min 后达标,清洁区内粉尘浓度在通风除尘30 min 后达标,而在压入式通风条件下通风除尘60 min 后施工作业区内粉尘浓度依然很高,未能达标;通风30~60 min后,风幕通风的降尘率明显高于压入通风,整个通风过程中风幕通风的绝对降尘率均高于压入通风,通风60 min 后风幕通风的绝对降尘率接近100%。

(7)风幕通风系统结构简单,运行成本低,可在较短的时间内对掌子面爆破后的粉尘进行隔离净化,避免了隧道内粉尘污染。其在环保效益、时间效益及经济效益上均优于传统的压入式通风。

7.2 展望

随着城市化进程的加快和基础设施建设的发展,隧道工程日益增多,而隧道钻爆法施工过程中产生的粉尘问题成为影响施工效率和工人健康的重要因素。传统的通风方式虽然能在一定程度上缓解粉尘问题,但其降尘效率偏低,无法满足高标准的环保要求。因此,寻找一种更为有效的通风技术成为亟待解决的问题。在此基于风幕隔离净化通风方式的研究结论,对该技术在未来隧道施工中的应用前景进行展望。

风幕通风方式作为一种新型通风技术,通过构建物理隔离屏障,控制了粉尘的扩散,实现了快速降尘的目的。随着技术的进步,风幕系统的智能化程度将进一步提高,例如,通过集成传感器网络和智能控制系统,实现对风幕参数的实时监测与调整,从而确保通风系统的持续高效运行。

随着社会环境保护意识的增强,如何减少施工对环境的影响成为工程建设中的一个重要考量。风幕通风技术不仅可以迅速降低隧道内的粉尘浓度,还能减少有害物质的排放,有助于构建绿色施工环境。此外,该技术的应用将大大改善作业人员的工作条件,减少职业病的发生,为一线工人的健康提供坚实保障。

风幕通风系统因其结构简单、运行成本低等特点,在经济性方面具有明显的优势。随着技术的进一步推广和应用,预计其将在更大范围内替代传统的通风方式,从而为企业带来可观的成本节约。同时,高效的通风系统也有助于缩短工期,提高施工的整体经济效益。

随着国家施工安全与环境保护法规的不断完善,符合国家标准和技术规范的通风技术将成为未来发展的必然趋势。风幕通风技术作为一项创新型技术,需要进一步与现行的行业标准相结合,通过标准化生产与安装流程,确保其在实际应用中的可靠性和一致性。

风幕隔离净化通风方式的提出,为隧道施工中粉尘问题的解决带来了新的思路。未来,随着技术的不断成熟和完善,相信这一技术将在更多领域得到应用和发展,为隧道施工创造更加安全、健康、环保的工作环境。同时,我们期待更多的科研工作者加入这项研究中来,共同推动隧道施工技术的进步与发展。

参考文献

［1］ 赵勇,田四明.中国铁路隧道数据统计[J].隧道建设,2017,37(5):641-642.

［2］ 张崇栋.铁路隧道除尘技术及标准的研究与应用[J].现代隧道技术,2016,53(5):1-5.

［3］ 孙忠强.公路隧道钻爆法施工粉尘运移规律及控制技术研究[D].北京:北京科技大学,2015.

［4］ 国家卫生和计划生育委员会.国家卫生和计划生育委员会通报2005—2013年全国职业放射卫生监督结果[EB/OL].[2013-02-12].http://www.nhfpc.gov.cn/zhuzhan/zcjd/20130544b0975789446390cbc22fbd77.shtml.

［5］《中国职业医学》编辑部.2017年全国职业病报告情况[J].中国职业医学,2018,45,(3):296.

［6］ 曹建生.新线铁路隧道施工粉尘危害及治理措施的探讨[J].铁道劳动安全卫生与环保,1998,25(4):254-257.

［7］ BROWN C E, FEICHT F L. Size of Smallest Dust Particles revealed by various Micro-scopic Systems[J]. Report of Investigations, 1945,2:67-68.

［8］ JAMES W S, BROWN G. Filter tests with the aid of a dust tunnel[J]. Industrial Lubrication and Tribology, 1951, 3(1):29-29.

［9］ LEACH S J, WALKER G L. Measurement of Longitudinal Dispersion of an Airborne Dust Cloud in a Tunnel[J]. The International Journal of Applied Radiation and Isotopes, 1961, 12(1):42-48.

［10］ GILLETTE D A, PORCH W M. The role of fluctuations of vertical and horizontal wind and particle concentration in the deposition of dust suspended by wind[J]. Journal of Geophysical Research: Oceans, 1978, 83(C1):409-414.

［11］ DMITRIEV M T, MISHCHIKHIN V A. Indoor air pollution by filters for purifying air of dust[J]. Gigiena i sanitariia, 1980(1):74-76.

［12］ DIVERS E. Guidelines for dust control in small underground coal mines[M]. BuMines Handbook, 1987.

［13］ FEDDES J J R, LIAO C M. A Lumped-parameter Model for Predicting Airborne Dust Concentration in a Ventilated Airspace[J]. Transactions of the Asae, 1992, 35(6):1973-1978.

［14］ HALL D J, MARK D, UPTON S L. A new large wind tunnel for dust and aerosol studies[J]. Journal of Aerosol Science, 1992, 23:591-594.

［15］ BAKKE B, STEWART P, ULVESTAD B, et al. Dust and Gas Exposure in Tunnel Construction Work［J］. AIHAJ: A Journal for The Science of Occupational and Environmental Health and Safety, 2001, 62(4):457-465.

［16］ CHIOU S F, TSAI C J. Measurement of emission factor of road dust in a wind tunnel［J］. Powder Technology, 2001, 118(1-2):10-15.

［17］ FLYNN M R, SUSI P. Engineering Controls for Selected Silica and Dust Exposures in the Construction Industry - A Review ［J］. Applied Occupational & Environmental Hygiene, 2003, 18(4):268-277.

［18］ EVELYN T N, SIMONE H, TON S, et al. Dust Control Measures in the Construction Industry［J］. Annals of Occupational Hygiene, 2003(3):211-218.

［19］ 丁广骧.紊流状态下气、固两相流相似理论及其在通风排尘模拟试验中的应用［J］.中国矿业学院学报,1986,15(4):68-79.

［20］ 张可能, 谢凤琴. 矿山风道内粉尘扩散的实验研究［J］. 世界采矿快报, 1988 (21):26.

［21］ 游葵, 吴泽源. 矿井粉尘的迁移及弥散系数的研究［J］. 重庆大学学报, 1988,11(3):46-52.

［22］ 王献孚, 楼宇娟. 煤粉尘扩散规律及扩散系数［J］. 气动实验与测量控制, 1990,4(2):30-35.

［23］ 王国超,傅培舫,叶汝陵.巷道中粉尘弥散的实验研究［J］.煤炭工程师, 1994, (6): 19-21,46..

［24］ 章社生, 王献孚. 粉尘扩散系数的实用预报模型［J］. 交通环保, 1994(1):1-4.

［25］ 杨敏. 湿度较大综采工作面粉尘扩散规律的研究［D］. 包头：内蒙古科技大学, 2009.

［26］ 宋凯, 陈开岩. 综采面采煤机割煤过程中粉尘弥散规律的研究［J］. 能源技术与管理, 2010, 35(5):93-96.

［27］ 聂文. 综掘工作面封闭式除尘系统的研究与应用［D］. 青岛：山东科技大学, 2010.

［28］ 黄涛. 冲击流条件下粉尘扩散特性及控制策略的研究［D］. 绵阳：西南科技大学, 2016.

［29］ 张义坤, 蒋仲安, 孙雅茹. 附壁风筒对掘进工作面通风除尘的促进作用［J］. 煤矿安全, 2017, 48(12):161-163.

［30］ GOLDING F C, GRIFFITHS P, HEMPLEMAN H V, et al. Decompression Sickness during Construction of the Dartford Tunnel［J］. British Journal of Industrial Medicine, 1960, 17(3):167-180.

[31] FOTIEVA N N, SHEININ V I. Distribution of stresses in the lining of a circular tunnel when driving a parallel tunnel [J]. Soil Mechanics and Foundation Engineering, 1966, 3(6):417-422.

[32] LEICHNITZ W. Analysis of collapses on tunnel construction sites on the new lines of the German Federal Railway [J]. Tunnelling and Underground Space Technology, 1990, 5(3):199-203.

[33] RUKIN V V, KUPERMAN V L. On-site tests of a new type of tunnel lining at the Nurek hydrostation construction site[J]. Hydrotechnical Construction, 1984, 18 (8):345-356.

[34] INOKUMA A, SUZUKI S, MARUYAMA I, et al. Studies on the present state and the mechanism of trouble occurrence in tunnel construction in Japan [J]. International Journal of Rock Mechanics & Mining Sciences & Geomechanics Abstracts, 1994(3):142A.

[35] ANONYMOU S. Wind tunnel helping solve pollution problems[J]. Eos Transactions American Geophysical Union, 1977, 58(10):956.

[36] GHOSE M K, MAJEE S R. Air pollution caused by opencast mining and its abatement measures in India[J]. Journal of Environmental Management, 2001, 63 (2):193-202.

[37] VOGEL M, RAST H P. AlpTransit-safety in construction as a challenge: Health and safety aspects in very deep tunnel construction [J]. Tunnelling and Underground Space Technology, 2000, 15(4):481-484.

[38] CHAPMAN D. Introduction to Tunnel Construction[J]. Drug Standards of China, 2010, 68(10):3.

[39] KAEGI R. Chemical and morphological analysis of airborne particles at a tunnel construction site[J]. Journal of Aerosol Science, 2004, 35(5): 621-632.

[40] OLIVER L C, MIRACLEMCMAHILL H. Airway disease in highway and tunnel construction workers exposed to silica[J]. American Journal of Industrial Medicine, 2006, 49(12):983-996.

[41] REN X W, WANG M D, KANG H Z, et al. A new method for reducing the prevalence of pneumoconiosis among coal miners: foam technology for dust control. [J]. Journal of Occupational and Environmental Hygiene, 2012, 9 (4):D77.

[42] REED W R, BECK T W, ZHENG Y, et al. Foam property tests to evaluate the potential for longwall shield dust control. [J]. Mining Engineering, 2018, 70(1):

35-41.

[43] CHOI H, KIM T. Numerical Simulation of Ultrasonic Generator in Dust Removing System[J]. Advanced Materials Research, 2012, 488-489:1446-1450.

[44] XIAN T Z, ZHEN H R, XING G W. Experimental investigations on reducing the dust density and the rebound rate of shotcrete by using magnetized water[J]. Journal of China Coal Society, 2014, 39(4):705-712.

[45] 岳忠翔.特长山岭隧道钻爆法施工中消烟降尘技术探索[J].天津建设科技, 2018(2):47-48.

[46] 李玉民, 倪芝芳.水封爆破中水塞运动规律的理论解[J].山东矿业学院学报, 1996(3):29-32.

[47] 马超,曲广军,林建新.自动喷雾洒水消尘装置的实践[J].黑龙江科技信息, 2012(17):61.

[48] 鲍晶, 曹军, 伏升平, 等.供水困难条件实施湿式凿岩的简易方法[J].西部探矿工程, 2013, 25(1):143-144.

[49] 侯顺生.露天采矿湿式凿岩技术的实验与实践[J].采矿技术, 2012,12(6):60-62.

[50] 杨志祥.采煤工作面粉尘防治技术探讨[J].煤炭工程, 2016,48(S1):72-74.

[51] 张士军, 汪迪光, 范德勇.水封爆破降低粉尘和有害气体的效果评价[J].江苏预防医学, 2003, 14(1):47-52.

[52] 黄槐轩, 程康.高速公路隧道掘进水封爆破技术实验研究[J].土工基础, 2014, 28(3):138-140.

[53] 焦永斌.条形药包峒室水封爆破在土石方开挖中的应用[J].江西有色金属, 2001,15(4):1-4.

[54] 毕王乐, 李杰, 莫豹, 等.水封爆破技术在复杂环境大规模基坑爆破中的应用[J].矿业研究与开发, 2017,37(7):26-30.

[55] 昝军,张昊,沈如意,等.巷道掘进粉尘综治措施及水封爆破降尘研究[J].工业安全与环保,2017,43(8):84-86.

[56] 杨志祥.采煤工作面粉尘防治技术探讨[J].煤炭工程, 2016,48(S1):72-74.

[57] 刘新华,张帆,陈秋南,等.长大铁路隧道施工中瓦斯安全处置技术[J].矿业工程研究,2011,26(3):39-42.

[58] 孟君.综采工作面气水喷雾粉尘防治技术及管理研究[D].北京:中国矿业大学,2013.

[59] 于方洋.矿用自动喷雾洒水控制器的设计[J].工矿自动化, 2011, 37(8):125-127.

[60] 康壮苏,杨胜强,孙燕,等.隧道施工通风喷雾除尘系统分析[J].工业安全与环保,2007,33(2):22-24.

[61] 张稳涛.特长隧道通风、降尘工艺研究[J].四川水泥,2016(11):302.

[62] 武沛武.综掘面新型气水雾化降尘技术实践[J].中州煤炭,2015(4):14-16,29.

[63] 蒋仲安,王明,陈举师,等.气水喷嘴雾化特征与降尘效果分析[J].哈尔滨工业大学学报,2017,49(2):151-157.

[64] 钱杰.气压对空气雾化喷雾特性及降尘效率的影响[J].神州,2017(14):286.

[65] 韩斌,姚松,于少峰,等.湿喷混凝土可泵性、强度和回弹率的关键影响因素[J].金属矿山,2014(7):37-41.

[66] 张明,胡汉月.湿喷混凝土及喷射特性分析[C]//第四届全国青年地质工作者学术讨论会论文集,北京,1999:763-766.

[67] 邱超.隧道湿喷混凝土施工技术[J].中国西部科技,2010,9(6):31-32.

[68] 李兵.湿喷技术在海棠山隧道施工中的应用[J].辽宁省交通高等专科学校学报,2010,12(3):22-25.

[69] 刘川彭,建华.湿喷防水混凝土技术的实验研究[J].铁道标准设计,2002,46(11):24-25.

[70] 宋召谦.湿喷技术对煤矿巷道支护及作业环境的效果分析[J].矿业安全与环保,2003,30(5):50-52,1.

[71] 杨安杰,周德明.高原多年冻土区隧道湿喷混凝土施工技术[J].中国铁道科学,2004,25(1):142-145.

[72] 李佳梦,韩斌,吴建勋,等.湿喷混凝土配合比优化实验[J].现代矿业,2014,30(12):156-159.

[73] 宁逢伟,丁建彤,白银,等.湿喷混凝土回弹率影响因素的研究进展[J].水利水电技术,2018:73-74.

[74] 姜波.湿喷混凝土回弹率影响因素[J].辽宁工程技术大学学报,2016,35(3):270-273.

[75] 雷玉勇,李晓红.隧道电除尘器的应用及其安装计算[J].重庆环境科学,1997(5):26-30.

[76] 张卫东,苏海佳,高坚.袋式除尘器及其滤料的发展[J].化工进展,2003,22(4):380-384.

[77] 甘苗苗.论袋式除尘器滤料技术的发展[J].科技风,2014(3):219.

[78] 刘鹤忠,陶秋根.湿式电除尘器在工程中的应用[J].电力勘测设计,2012

(3):43-47.

[79] 沈婕青,乔宗昭.静电除尘器(ESP)系统在世界隧道工程中的应用[J].地下工程与隧道, 2005(2):53-54.

[80] 赵德刚. 袋式洗滤除尘器在狭长隧道施工中的应用[J]. 铁道建筑技术, 2000(3):43-45.

[81] 赵玉报, 陈寿根, 谭信荣. 长大隧道施工中干式除尘机理及应用[J]. 现代隧道技术, 2014, 51(3):200-205.

[82] 王建军, 董汉伟. TB880E 型掘进机湿式除尘器的改进[J]. 建筑机械化, 2010, 31(1):75-76.

[83] 谢俊生. 煤矿井下全岩巷道综掘干式除尘系统的研发与应用[J]. 矿业安全与环保, 2017, 44(5):49-52.

[84] 张文清. 干式除尘系统在全岩大巷掘进中的应用[J]. 建井技术, 2017, 38(2):46-48.

[85] 周建. CFT 除尘系统在全岩综掘开拓大巷中的应用[J]. 煤矿开采, 2012, 17(6):46-47,9.

[86] 李海增. 水膜除尘器改造为静电除尘器的施工经验[J]. 河北电力技术, 1999(2):45-50.

[87] 肖容绪.玻纤滤料在袋式除尘器中的应用[C]// 全国玻璃纤维专业情报信息网工作会议暨信息发布会会刊,2009.

[88] TOURAN A L. Probabilistic model for tunneling project using markov chain[J]. Journal of Construction Engineering and Management, 1997, 123(4):444-449.

[89] BAHRAMI S, TOURAN A. A probabilistic approach for estimating tunneling duration [J]. Civil Engineering and Environmental Systems, 1998, 15(2):149-168.

[90] POPOV N A, KRASYUK A M, RUSSKY E Y, et al. Substantiation of parameters and estimation of strength for basic structural units of axial tunnel fan[J]. Journal of Mining Science, 2015, 51(6):1139-1149.

[91] BETTA V, CASCETTA F, MUSTO M, et al. Fluid dynamic performances of traditional and alternative jet fans in tunnel longitudinal ventilation systems[J]. Tunnelling and Underground Space Technology, 2010, 25(4):415-422.

[92] KIM J H, KIM K Y. High-efficiency design of a tunnel ventilation jet fan through numerical optimization techniques [J]. Journal of Mechanical Science and Technology, 2012, 26(6):1793-1800.

[93] GOLDASTEH I, AHMADI G, FERRO A R. Wind tunnel study and numerical simulation of dust particle resuspension from indoor surfaces in turbulent flows

［J］. Journal of Adhesion Science and Technology, 2013, 27(14):1563-1579.

［94］ NIU W, JIANG Z A, TIAN D M. Numerical simulation of the factors influencing dust in drilling tunnels:Its application［J］. International Journal of Mining Science and Technology, 2011, 21(1):11-15.

［95］ WANG H, NIE W, CHENG W M, et al. Effects of air volume ratio parameters on air curtain dust suppression in a rock tunnel's fully-mechanized working face ［J］. Advanced Powder Technology, 2018, 29(2):230-244

［96］ 李明, 幸垚, 刘农. 雪山梁高原特长隧道施工通风关键技术三维数值模拟 ［J］. 公路, 2017,62(11):284-289.

［97］ 林炎顷, 南硕, 常军,等. 整条公路隧道通风与净化的三维数值模拟［J］.隧道 建设, 2018,38(2):232-239.

［98］ 房俊超, 张成栋, 苟振志, 等. 长大隧道压入式施工通风三维动态数值模拟 分析［J］.公路工程, 2017, 42(1):139-142,155.

［99］ 钟为, 李艳玲, 莫政宇, 等. 长大隧洞施工通风三维数值模拟及优化设计 ［J］.人民黄河, 2017, 39(6):121-124,129.

［100］ 王永东, 夏永旭. 公路隧道纵向通风数值模拟［J］.中国公路学报, 2002, 15 (1):50-54.

［101］ 公路隧道通风局部效应三维数值模拟分析与研究［D］.西安:长安大 学, 2004.

［102］ 张林. 公路隧道射流通风数值模拟与风机安装参数优化［D］.重庆:重庆交 通大学, 2009.

［103］ 刘钊, 陈兴周, 冯璐, 等. 长隧道独头掘进压入式施工通风数值模拟［J］.西 北水电, 2012(1):66-69.

［104］ 刘生, 周飞, 李鹏举. 特长公路隧道独头掘进施工通风设计与数值模拟分析 ［J］.探矿工程, 2010, 37(3):74-77.

［105］ 魏金凤, 曾德顺, 汪庆横, 等. 黄土岭隧道通风方案的数值模拟［J］. 现代隧 道技术, 2001, 38(5):61-64.

［106］ 康小兵, 丁睿, 许模, 等. 高瓦斯隧道施工通风处理数值模拟分析［J］. 成都 理工大学学报(自然科学版), 2012, 39(3):311-316.

［107］ 刘彤, 李宁军.二郎山隧道通风系统局部影响数值模拟研究［J］. 石家庄铁 道学院学报(自然科学版), 2006, 19(2):43-46.

［108］ 李亚宁, 于广荣. 横向气流作用下吹吸气流特性的研究［J］. 通风除尘, 1989,8(2):1-5.

［109］ KAI S. Technical dimensioning of a vertically upwards blowing air curtain-part I

　　　[J]. Energy and Buildings, 2003, 35(7):681-695.

[110] COSTA J J, OLIVEIRA L A, SILVA M. Energy savings by aerodynamic sealing with a downward-blowing plane air curtain-A numerical approach[J]. Energy and Buildings, 2006, 38(10):1182-1193.

[111] SANJEEV G, MICHEL P, CARLOS E C J. Cellular Confinement of Tunnel Sections Between Two Air Curtains[J]. Building and Environment, 2007, 42(9):3352-3365.

[112] LECAROS M, ELICER C, FUENTES A, et al. On the ability of twin jets air curtains to confine heat and mass inside tunnels [J]. International Communications in Heat and Mass Transfer, 2010, 37(8):970-977.

[113] GIRÁ, GARC L, HÉ, et al. Improved semi-analytical method for air curtains prediction[J]. Energy and Buildings, 2013, 66(5):258-266.

[114] FRANK D, LINDEN P. The effectiveness of an air curtain in the doorway of a ventilated building[J]. Journal of Fluid Mechanics, 2014, 756:130-164.

[115] 汤晓丽, 史钟璋. 横向气流作用下气幕封闭特性的理论研究[J]. 建筑热能通风空调, 1999,18(2):6-8.

[116] 何嘉鹏, 王东方, 韩丽艳, 等. 防烟空气幕二维数学模型[J]. 土木工程学报, 2003, 36(2):104-107.

[117] 聂文, 程卫民, 郭允相, 等. 综掘面空风幕封闭式除尘系统的研究与应用[J]. 煤矿安全, 2009, 40(3):19-22.

[118] 孟晗, 鲁忠良. 矿用空气幕的研究现状及一种新型矿用空气幕[J]. 煤, 2017,26(11):23-25.

[119] 丁厚成, 李胜男, 郭成, 等. 综采工作面双重空气幕隔尘技术数值模拟研究[J]. 安全与环境工程, 2016, 23(3):119-124.

[120] 赵玲, 蒋仲安. 循环型空气幕多机联合隔断巷道风流效果的分析[J]. 中南大学学报(自然科学版), 2013, 44(10):4238-4243.

[121] 谭聪, 蒋仲安, 王佩, 等. 基于数值模拟的综采面空气幕隔尘参数优化[J]. 煤矿安全, 2014, 45(9):183-186.

[122] 肖大强. 隧道施工中压出式空气幕通风技术的运用研究[J]. 四川水泥, 2016(1):60.

[123] 王茂华. 喷雾降尘中加速沉降尘粒雾滴尾流效应研究[J]. 煤矿安全, 2017, 48(9):21-24.

[124] 廖华庆. 高速公路隧道工程施工的通风技术与改进措施[J]. 江西建材, 2012(3):269-270.

[125] 刘雪亭, 韩鹏. 一种改进型隧道通风控制系统的设计和仿真分析[J]. 现代

电子技术，2011，34(9):145-148,152.

[126] 李志红，梁立勋，卓军. 浅谈煤矿粉尘危害及防治技术[J]. 科技创新与应用，2014(30):12-13.

[127] SWANEPOEL A, SWANEPOEL C, REES D. Determinants of respirable quartz exposure in farming.[J]. Journal of Occupational and Environmental Hygiene, 2018, 15(1):71-79.

[128] BEAUCHAM C, KING B, FELDMANN K, et al. Assessing occupational erionite and respirable crystalline silica exposure among outdoor workers in Wyoming, South Dakota, and Montana [J]. Journal of Occupational and Environmental Hygiene, 2018:1-33.

[129] 周刚，聂文，程卫民，等.煤矿综放工作面高压雾化降尘对粉尘颗粒微观参数影响规律分析[J].煤炭学报,2014,39(10):2053-2059.

[130] 彭雅雯.基于图像分析的煤粉粉尘在巷道中的运移规律研究[D].成都:四川师范大学,2021.

[131] 金学易,陈文英.隧道通风及隧道空气动力学[M].北京:中国铁道出版社,1983.

[132] 岑可法,樊建人. 工程气固多相流动的理论及计算[M]. 浙江大学出版社, 1990.

[133] 乔力伟.基于施工隧道压入式通风方式结构设置优化[J].西南交通大学学报,2018,53(6):1245-1252,1277.

[134] 郑光相. 矿尘防治技术[M]. 中国矿业大学出版社, 2009.

[135] 杨峰. 浅谈煤矿尘肺病预防及粉尘危害防治[J]. 内蒙古煤炭经济, 2017(24):87-88.

[136] 林立，张凡，屈秋林，等. 非稳态流动中球形颗粒阻力系数的数值研究[C]// 全国流体力学学术会议，2014.

[137] 许钟麟. 空气洁净技术原理[M]. 4 版. 北京:科学出版社, 2014.

[138] 李茂昌. 爆破飞石初始速度计算公式[J]. 国外现代爆破技术文集, 1996(4):112-114.

[139] 王杰，叶长青，孟祥玮. 沙尘实验箱内部流场的数值仿真与分析[J]. 检验检疫学刊，2016,26(6):21-24.

[140] 贾惠艳. 皮带输煤系统转载点粉尘析出逸散规律及数值模拟研究[D]. 阜新:辽宁工程技术大学, 2007.

[141] 李战军，田会礼，孟海利，等. 水预湿降低爆破粉尘机理初探[J]. 煤炭科学技术，2004,32(6):68-70.

[142] 乔力伟,蒋葛夫.施工隧道通风位置与污染物浓度场演化特征关系分析[J].环境工程,2018,36(9):74-80.

[143] 中国电子技术标准化研究所.电子测量仪器通用规范:GB/T 6587—2012[S].北京:中国标准出版社,2013.

[144] 蔡富军.对确定粉尘呼吸带高度的探讨[J].煤矿安全,1992,23(7):34-35.

[145] 陈硕,彭伟,霍然,等.射流风机作用下的单隧道流场特性[J].消防科学与技术,2008,27(10):728-731.

[146] 彭佩,曾昌,范建国.长大公路隧道巷道式施工通风流场分布研究[J].四川建材,2015,41(3):122-123,125.

[147] 孙忠强,方宝君.钻爆法隧道施工钻孔过程粉尘分布规律研究[J].煤炭技术,2016,35(10):155-157.

[148] 孙忠强.公路隧道钻爆法施工粉尘运移规律及控制技术研究[D].北京:北京科技大学,2015.

[149] 罗有权,张黎红,周平,等.隧道施工洞口粉尘分布影响研究及防控措施[J].武汉大学学报(工学版),2017,50(4):588-590.

[150] 胡方坤,陆新晓,王德明,等.基于CFD数值模拟分析综掘工作面粉尘迁移规律研究[J].中国煤炭,2012,38(6):94-98,103.

[151] 李艳强,杨炯照,周勇.矿井粉尘扩散系数及其规律[J].矿业工程研究,2012,27(2):49-51.

[152] 毕德纯,程五一.爆破作业产尘量的计算方法[J].煤矿安全,2001,32(3):20-22.

[153] 张杰.条缝射流隔尘机理及其在安全帽中的应用研究[D].湘潭:湖南科技大学,2011.

[154] 余常昭.紊动射流[M].北京:高等教育出版社,1993.

[155] 平浚.射流理论基础及应用[M].北京:中国宇航出版社,1995

[156] 余常昭.环境流体力学导论[M].北京:清华大学出版社,1992.

[157] 刘沛清.自由紊动射流理论[M].北京:北京航空航天大学出版社,2008.

[158] 宋高举.12种典型送风口射流流型可视化及紊流系数实验研究[D].西安:西安建筑科技大学,2005.

[159] 赵承庆 姜毅.气体射流动力学[M].北京:北京理工大学出版社,1998.

[160] MARSH A H. Noise Measurements Around a Subsonic Air Jet Impinging on a Plane, Rigid Surface[J]. The Journal of the Acoustical Society of America, 1961, 33(8): 1065-1066.

[161] TANI I, KOMATSU Y. Impingement of a round jet on a flat surface[C]//

Applied Mechanics. Springer Berlin, Heidelberg: Springer, 1966: 672-676.

[162] DONALDSON C D, SNEDEKER R S. A study of free jet impingement. Part 1. Mean properties of free and impinging jets [J]. Journal of Fluid Mechanics Digital Archive, 1971, 45(2):281.

[163] CHIHMING H, NAGY S. Nosseir. Dynamics of an impinging jet. Part 1. The feedback phenomenon [J]. Journal of Fluid Mechanics, 1981, 105:119-142.

[164] JANETZKE T, NITSCHE W. Experimental investigations of flow field and heat transfer characteristics due to periodically pulsating impinging air jets[J]. Heat and Mass Transfer, 2008, 45(2):193-206.

[165] BELTAOS S, RAJARATNAM N. Plane turbulent impinging jets [J]. Journal of Hydraulic Research, 1973, 11(1):29-59.

[166] 张景松. 飘移有害物的旋风屏蔽控制捕吸理论与应用研究[D]. 徐州: 中国矿业大学, 1995.

[167] 朱仁庆, 杨松林, 杨大明. 实验流体力学[M]. 北京: 国防工业出版社, 2005.

[168] 王维虎, 吴百剑, 胥奎. 综采工作面粉尘分布规律模型实验中相似准则数的探讨[J]. 山西煤炭, 2010, 30(12): 43-45.

[169] 蔡卫, 蒋仲安, 刘毅. 综采工作面喷雾降尘中相似准则数的探讨[J]. 煤炭学报, 2005, 30(2): 151-154.

[170] 蒋仲安. 通风除尘中气固两相流动相似理论研究[J]. 煤炭工程师, 1993, (4):12-15,42.

[171] 陈华腾, 钮强. 爆破计算手册[M]. 沈阳: 辽宁科学技术出版社, 1991.

[172] 徐世凯, 王勇. 自由射流出口临界雷诺数的确定[J]. 河海大学学报(自然科学版), 2007, 35(6):699-703.

[173] 徐挺. 相似理论与模型实验[M]. 北京: 中国农业机械出版社, 1982.

[174] 陈志强. 钻爆法隧道施工粉尘防治的研究[D]. 济南: 山东大学, 2008.

[175] 李之光. 相似与模化: 理论及应用[M]. 北京: 国防工业出版社, 1982.

[176] 金学易, 陈文英. 隧道通风及隧道空气动力学[M]. 北京: 中国铁道出版社, 1983.

[177] 约翰 D.安德森. 计算流体力学基础及其应用[M]. 机械工业出版社, 2007.

[178] HAIDER A, LEVENSPIEL O. Drag coefficient and terminal velocity of spherical and nonspherical particles[J]. Powder Technology, 1989, 58(1): 63-70.

[179] 吴中立. 矿井通风与安全[M]. 徐州: 中国矿业大学出版社, 1989.

[180] 浑宝炬, 郭立稳. 矿井通风与除尘[M]. 北京:冶金工业出版社, 2007.

［181］谭洪,乐尚侃,崔振国,等.铁路粉尘作业场所 36 种粉尘粒度质量分布特性研究［J］.铁道劳动安全卫生与环保,1994,（2）:87-93.

［182］周俊波, 刘洋.Fluent 6.3 流场分析从入门到精通［M］.北京:机械工业出版社, 2012.

［183］裴桂红.基于 Fluent 的地下工程通风数值模拟［M］.北京:科学出版社, 2016.